河南省高等学校哲学社会科学创新团队支持计划

河南省高等学校哲学社会科学创新人才支持计划

河南省高等学校哲学社会科学基础研究重大项目

河南省软科学研究计划项目（242400

对外直接投资

与产业高质量发展

李梦溪　宋勇超　著

四川大学出版社

SICHUAN UNIVERSITY PRESS

图书在版编目（CIP）数据

对外直接投资与产业高质量发展 / 李梦溪，宋勇超
著 . -- 成都：四川大学出版社，2024. 11. -- ISBN
978-7-5690-7234-1

Ⅰ . F832.6；F269.2

中国国家版本馆 CIP 数据核字第 2024B44U51 号

书　　名：对外直接投资与产业高质量发展
　　　　　Duiwai Zhijie Touzi yu Chanye Gaozhiliang Fazhan
著　　者：李梦溪　宋勇超

选题策划：王　静
责任编辑：王　静
责任校对：刘柳序
装帧设计：墨创文化
责任印制：李金兰

出版发行：四川大学出版社有限责任公司
　　　　　地址：成都市一环路南一段 24 号（610065）
　　　　　电话：（028）85408311（发行部）、85400276（总编室）
　　　　　电子邮箱：scupress@vip.163.com
　　　　　网址：https://press.scu.edu.cn
印前制作：四川胜翔数码印务设计有限公司
印刷装订：四川省平轩印务有限公司

成品尺寸：170 mm×240 mm
印　　张：10
字　　数：194 千字

扫码获取数字资源

版　　次：2024 年 11 月 第 1 版
印　　次：2024 年 11 月 第 1 次印刷
定　　价：48.00 元

四川大学出版社
微信公众号

前　　言

　　自中国加入世界贸易组织以来，中国对外直接投资高速发展，迅速成为世界上对外直接投资大国，投资区域遍布全球，投资行业不断扩宽，对我国经济各方面的影响越来越深远。在中国对外直接投资高速扩张的同时，产业发展方面也取得了重大成就。产业结构持续优化，农业现代化稳步推进，制造业拥有全球最完整的产业体系，新兴产业蓬勃发展，自主创新能力大幅度提升，我国产业发展进入了提质增效、从高速增长向高质量发展转型时期。然而近些年，受到国际贸易增速趋缓、全球贸易量出现下跌、贸易保护主义增强等因素的影响，以贸易为主的国际经济交往方式逐渐改变，我国出口导向的外向型经济发展模式也受到了影响，这也必然会波及国内产业的发展。在新的国际环境和高质量发展的要求下，是否能利用对外直接投资助力我国产业的高质量发展，如何通过对外直接投资实现我国产业高质量发展，成为现阶段值得探讨的重要话题。

　　对外直接投资对母国产业发展的影响一直以来都是国际经济学领域的热点问题。借助对外直接投资推动母国产业发展是近年国内围绕"走出去"战略讨论的重要话题之一。

　　笔者梳理相关文献时发现，鲜有文献研究对外直接投资与产业高质量发展的关系，并且现有分析多基于现实规律，尚未形成系统的理论机制和成熟的实证研究模型。关于对外直接投资对母国产业发展影响这一问题，研究者的研究视角多集中在产业结构层面，他们认为对外直接投资能推动产业结构升级，但少有研究者将技术创新纳入产业发展质量的评价范畴。然而，产业高质量发展内涵更丰富更多面，它不仅体现在产业之间的结构升级，也体现在产业内部的结构升级，更重要的是作为产业高质量发展动力的技术创新能力得到大幅提升，同时，跨国公司的企业绩效提升也对产业发展质量产生影响。对外直接投资作为我国参与经济全球化的主要方式之一，既能影响国内的产业结构，也能影响国内技术水平。因此，基于产业结构、技术创新、企业绩效视角分析对外直接投资与产业高质量发展的关系具有较强的理论意义和现实意义。为此，本书围绕"对外直接投资与产业高质量发展"这一核心问题，从产业结构、技术创新、企业绩效视角切入，构建了我国对外直接投资与产业高质量发展的理论框架；通过作用机理的梳理和总结来阐述对外直接投资在产业结构、技术创新和企业绩效视角下对产业高质量发展的影响。本书数据多来源于《中国统计年鉴》《中国对外直接投资公报》《中国工业统计年鉴》《中国科技统计年鉴》等，在广泛收集数据的基础上，实证检验了中国对外直接投资是否能促进产业结构升级、技术创新和企业绩效提升，基于产业结构和技术创新是衡量产业是否高质量发展的动力和标志，考察我国对外直接投资对产业高质量发展的影响。

本书研究对外直接投资与产业高质量发展的结构安排如下：

第一部分为第一章至第四章，此部分内容主要归纳了对外直接投资与产业发展的理论基础及我国对外直接投资及产业的发展情况，梳理了国内产业高质量发展的内涵界定，构建了对外直接投资影响产业高质量发展的理论机制。

第二部分为第五章至第七章，此部分内容分析了我国对外直接投资对产业之间的结构、产业结构变动速率及制造业内部变动的影响，检验了我国对外直接投资对技术创新的影响，分析了我国对外直接投资对企业绩效的影响。

第三部分为第八章，此部分内容总结了本书的结论，即我国对外直接投资能促进产业结构升级和技术创新，可促进产业高质量发展的实现，并在此基础上提出对策建议。

本书在写作过程中参考并借鉴了国内外专家学者的研究成果，在此不再一一列举，谨对各位前辈及同仁表示谢意。

尽管笔者在本书写作过程中做了巨大的努力，但由于水平及视野有限，仍不可避免地存在不足乃至错误之处，敬请各位读者不吝教正。

李梦溪、宋勇超

2024 年 6 月 22 日

目　　录

第一章 导 论

第一节 研究的背景与意义

一、研究的背景

在 2008 年全球金融危机及经济周期性和结构性等因素共同作用下，近年全球经济进入了漫长的复苏期。2017 年全球经济改变了由国际金融危机造成的疲弱态势，经济复苏力度增强，有走出危机的迹象，但是 2018 年除美国等少数经济发达国家持续了上一年经济强劲复苏的势头，其他大部分国家的经济增速都出现了回落。2018 年随着全球贸易的增速趋缓，全球贸易量较上年增加。但 2019 年全球贸易呈停滞态势，全球贸易量下跌，尽管降幅不大，却是自 2009 年后的首次下跌。2018 年 7 月起，美国对从中国进口的商品进行多轮加征关税，2019—2020 年，美国对由中国输出美国的商品的关税加征至 25％。贸易保护主义打破了世界贸易组织营造的安全和可预期的贸易环境，阻碍国际分工扩展和全球生产率的提升，对世界经济发展造成不利影响，使全球贸易环境更加复杂严峻，传统的以商品贸易为主的国际经济交往方式逐渐改变，我国出口导向的外向型经济发展模式亦受到影响。

从国内来看，中国经济由高速增长平稳过渡为高中速发展，由过去单向引进资金、技术和管理，通过出口和劳务拉动经济增长转变为货物、资金、人才、技术之间的双向平衡流动。对外直接投资是开放经济环境下经济体融入经济全球化的重要途径，逐步成为国际经济一体化的核心力量。改革开放以后，中国对外直接投资规模日益扩大，在全球对外直接投资规模减小、总额减少的背景下，中国对外直接投资总额仍稳定提高。根据《2018 年度中国对外直接投资统计公报》统计数据可知，自 2003 年以来中国对外直接投资流量一直呈稳定增长态势，2014 年中国对外直接投资首次成为资本净输出国。2018 年中国对外直接投资额稳步增长，总额为 1298.3 亿美元，与 2017 年同比增长 4.2%，我国 5735 家企业对 161 个国家和地区进行了对外直接投资，累计投资额达 1205 亿美元。2019 年中国非金融类对外直接投资额仍高达 1106 亿美元。中国对外直接投资绝对数量增长的同时，投资的质量也得到提高，投资的结构也更加合理化多元化，继续增加流向第二产业投资的同时第三产业投资比例也在提高。2018 年，我国对外直接投资流量稳步增长，位列全球第二。在此背景下，继续拓宽中国企业对外直接投资规模和领域，不仅有利于规避国际贸易壁垒，保持既有国际市场份额，对于缓解和解决国内经济发展过程中的资源错配和技术瓶颈等现实问题也是十分必要的。

在过去几十年中国经济的高速增长环境下，中国产业发展也取得了骄人成绩，实现了由工业化初期发展到工业化中后期的转变。中国的第一产业增加值比重大幅下降，第三产业占比增加并超过第二产业占比。但在近几年中国经济增速放缓的背景下，产业结构也受到了一系列影响。资源短缺、技术制约等问题不断凸显，调整产业结构、转变经济增长方式则迫在眉睫。中国产业结构存在的问题主要体现在以下两方面：一方面，中国人口红利下降，劳动力成本增加，原材料价格提高，以往长期处于低层次国际分工的深层次矛盾凸显出来了；另一方面，以钢铁、水泥等为代表的传统产业产能相对过剩，因自主研发创新不足而引发的新兴产业和高新技术产业发展不足及现代生产性服务业培育滞后等问题限制了中国产业结构优化调整。我国经济已由高速增长阶段转向高质量发展阶段，正处在转变发展方式、优化经济结构、转换增长动力的攻关期，必须把发展经济的着力点放在实体经济上，支持传统产业优化升级，加快发展现代服务业，瞄准国际标准，促进我国产业迈向中高端全球价值链。我国应加快实施"走出去"战略，以开放促发展、促改革、促创新，积极创造参与国际经济合作和竞争新优势。中国要积极调整产业结构，优化产业空间布局，培育新兴产业和战略性产业，推动高端制造业和高新技术产业发展，实现产业结构转型。同时，政府鼓励企业积极"走出去"，通过产能合作，实现国内外产业之间的相互促进，促进中国边际产业转移，为国内新兴产业和高新技术产业腾出更多发展空间，推动国内产业结构的优化升级。

改革开放以后，中国经济得到了突飞猛进的发展，居民生活水平得到了大幅度提高。2018 年中国人均国民收入超过中等收入国家平均水平，已经步入中高等收入经济体行列。中国利用丰富廉价的劳动力资源，在发达国家产业结构调整的时机，承接发达国家产业转移，建立大批劳动密集型产业，迅速发展为"世界工厂"，推动中国经济快速增长。随着中国劳动力成本增加、工资水平提高、人口老龄化等情况的出现，劳动密集型产业的竞争力也随之减弱，中国部分生产劳动密集型产品的企业也逐渐转移至劳动力成本较低的国家生产。

中国作为处于中等收入阶段的发展中国家，对外直接投资既有发达国家跨区域、多层次的特征，同时也有发展中国家开拓市场、促进技术进步的特征。在全球经济复苏期和中国对外直接投资快速发展的背景下，中国亟待通过对外直接投资等方式扩大开放，调整产业结构，实现产业结构升级和边际产业转移，实现技术创新，提高企业生产效率，通过产业结构升级、企业绩效提升等途径实现产业的高质量发展，最终促进经济高质量发展。

二、研究的意义

基于以上经济背景，本书对我国对外直接投资与产业高质量发展展开研究有较强的现实意义和理论意义。

第一，理论意义。国外学术界对对外直接投资理论的早期研究主要集中于发达国家，例如市场内部化理论、产品生命周期理论等研究都是以发达国家的投资行为为研究对象的，而对于发展中国家企业的对外直接投资行为研究成果则相对较少。1980 年以后，发展中国家海外规模逐步扩大，引起了学术界的关注，对发展中国家对外直接投资的理论研究逐渐兴起，例如小规模技术理论、技术创新产业升级理论等被相继提出。但是基于中国特殊的国情，发展中国家对外直接投资理论并不能很好解释中国企业的对外投资行为。国内学术界讨论侧重在中国对外直接投资的区位、投资动机、方式、母国效应等方面，关于对外直接投资对母国产业发展的影响尚未形成系统性的分析框架，从产业发展质量研究中国对外直接投资的母国效应相对较少。鉴于产业高质量发展是以产业结构升级和技术创新为动力和标志，本书以产业结构、技术创新、企业绩效三个视角分析我国对外直接投资对产业发展质量的影响。另外，现有研究多基于产业之间层面分析对外直接投资对产业结构升级的影响，较少有研究涉及对外直接投资对产业内部结构的影响，而产业内部结构的变动直接影响了产业发展的质量和产业结构升级，因此本书将两个层面进行了分析，丰富了中国对外直接投资对我国产业结构影响的理论研究。创新是产业发展的根本动力，本书探讨我国对外直接投资对技术创新的影响，进一步丰富和完善对外直接投资与产业发展质量的相关研究。同时，本书从微观企业角度分析了对外直接投资对产业发展质量的影响。

第二，现实意义。金融危机后，全球经济陷入低迷期和复苏期。2020 年新型冠状病毒肺炎疫情在全球蔓延，迫使多数国家停工停产、前两个季度多国经济呈负增长，这对经济发展无疑是雪上加霜。中国也可能将面对全球价值链迅速萎缩和贸易保护主义加剧的挑战。就国内而言，经济发展步入了"新常态"，经济由高速度增长转向高质量发展阶段。在产业发展方面，我国三大产业之间虽然已形成第一、第二产业占比逐年下降，第三产业占比逐渐提高的结构，但是产业结构仍处于较低级的状态。具体而言体现在以下方面：第二产业占比仍较大，第三产业中传统服务业占比大，现代服务业发展相对滞后；产业内部，长期以来劳动密集型行业占比较重，技术密集型行业发展相对落后；技术自主创新能力不足，对发达国家先进技术依赖较强等。此外产业结构的区域间发展不平衡、劳动力成本上升及资源瓶颈等问题也影响了我国产业的可持续发展。在加入世界贸易组织后中国的对外直接投资规模虽然逐渐扩大，但是投资存量仍然与发达国家有很大差距，我国对外直接投资的发展潜力和提升空间仍然很大。基于产业发展存在的问题和经济高质量发展的趋势，本书将研究对外直接投资对我国产业高质量发展的影响，其研究结论对于政府调整"走出去"政策以引导对外直接投资推动产业之间、产业内部的结构升级、技术创新能力的提升和企业绩效的提高，实现对产业高质量发展的正向激励作用有一定的参考价值。

第二节　研究的思路、内容、方法

一、研究思路

在国际经济环境复杂和我国经济向高质量发展阶段迈进的背景下，如何进一步推进"走出去"战略，充分发挥对外直接投资对国内产业高质量发展的推动作用，是当前我国面临的一个重大难题。本书围绕"对外直接投资与产业高质量发展"这一核心问题，从产业结构、技术创新、企业绩效视角切入，探讨我国对外直接投资影响国内产业发展质量的问题。首先，本书构建了我国对外直接投资对产业高质量发展的影响的理论框架，通过对影响机制的梳理和总结来阐述对外直接投资在产业结构、技术创新、企业绩效等视角下对产业高质量发展的影响机理。其次，基于产业结构和技术创新是衡量产业是否高质量发展的动力和标志，本书实证检验了中国对外直接投资对产业结构、技术创新和企业绩效的影响，考察中国对外直接投资对产业高质量发展的影响。最后，本书根据相关研究结论提出建议。

二、研究内容

本书研究内容分为以下八部分：

第一章为导论。首先交代了本书研究的国内外背景，从理论和现实方面分析了研究意义，其次简要地对选题的思路、研究内容、研究方法及可能创新点等内容进行说明。

第二章为对外直接投资与产业发展的相关理论文献综述。首先，本章回顾了对外直接投资的理论基础，分别对发达国家对外直接投资理论和发展中国家对外直接投资理论进行梳理，其中发达国家对外直接投资理论包括垄断优势理论、产品生命周期理论、内部化理论、国际生产折衷理论、边际产业扩张理论等，发展中国家对外直接投资理论包括小规模技术理论、技术地方化理论、投资发展周期理论等。其次，梳理了产业发展的相关理论。笔者从微观层面和宏观层面归纳了产业发展的内涵，并归纳了社会需求、技术、开放度、制度及资源等因素对产业发展的影响。然后笔者回顾了对外直接投资影响产业发展的理论及相关研究，概述了对外直接投资影响产业发展的理论基础，阐述了对外直接投资影响产业结构的传导路径及对外直接投资影响技术创新的相关研究。最后，笔者分析了对外直接投资与产业发展的相关理论，总结了现有研究值得改进之处，提出了研究方向。

第三章对我国对外直接投资的现状、特征及产业发展的特征进行了分析，揭示了我国对外直接投资总体特征为规模持续扩大但总体规模仍较小。具体而言，我国的投资格局以国有企业为主导，呈多元化发展态势，我国的直接投资区域分布广泛但不平衡，投资方式多样但以跨国并购为主，投资行业呈多元化、集中化的特点。同时，笔者还总结了中国产业发展的特征，如规模扩大、结构优化、就业结构趋于合理，第三产业成为就业吸纳主力，三次产业贡献度差异显著，东部与中西部地区产业结构差异明显。笔者又从统计数据和现实角度分析了我国对外直接投资对产业发展的影响，为后续实证研究奠定了现实基础。

第四章对我国对外直接投资对产业高质量发展的影响做理论分析，通过对产业高质量发展的内涵和当前产业发展存在问题的归纳，对我国对外直接投资促进产业高质量发展的影响机制的深入分析，提出了我国对外直接投资影响产业发展质量主要体现在产业结构、技术创新、企业绩效三个方面。这一机理的分析主要从以下三个层面展开：一是我国对外直接投资对国内产业结构升级的影响机理，分析其推动产业结构优化的传导路径，包括贸易、技术、人力资本、资本四个方面；二是我国对外直接投资对国内技术创新的影响机理，提出通过逆向技术溢出、产业关联、示范竞争、资本反馈、边际产业转移等方面，我国对外直接投资实现对技术创新的推动；三是我国对外直接投资对企业绩效的影响机理，提出我国对外直接投资通过规模经济效应、逆向技术溢出效应、品牌价值提升效应、对外直接投资风险等方面影响企业绩效。

第五章为我国对外直接投资影响产业结构的实证研究，其核心问题是中国对外直接投资是否能促进产业结构升级。首先，构建对外直接投资影响产业结构的模型，通过固定效应模型实证检验了我国对外直接投资对产业之间结构升级的影响及传导路径，实证检验了对外直接投资对产业结构变动速率的影响。其次，构建对外直接投资影响制造业结构的模型，结合制造业省级面板数据，通过固定效应模型实证检验并得出结论，据此判断中国对外直接投资规模扩大是否会推动产业内部结构升级。

第六章为我国对外直接投资影响技术创新的实证研究。笔者在分析技术创新的内涵及测算方法的基础上，运用 DEA-Malmquist 方法测算制造业技术创新效率，并构建中国对外直接投资影响技术创新的模型，结合 2008—2016 年制造业省级面板数据，对代表技术创新的三个技术创新效率指标进行实证检验，以此说明我国对外直接投资对技术创新的影响，并在地区异质性基础上检验我国对外直接投资对技术创新的地区差异。

第七章为中国对外直接投资影响企业绩效的实证研究。笔者以上市公司的企业数据作为样本，以企业的主营业务收入增长率、总资产利润率、全要素生产率作为企业绩效的衡量指标构建模型，实证检验分析我国对外直接投资对企业绩效的影响，并加入对外直接投资经验这一变量来探讨对外直接投资的滞后效应的影响，同时对比分析"一带一路"倡议下对外直接投资对企业绩效的影响。

第八章概述本书研究的主要结论，结合我国对外直接投资影响产业高质量发展的实证结论，提出相应的政策建议。最后，指出本书研究存在的不足及研究前景。

三、研究方法

本书的研究主要运用了以下研究方法：

第一，将静态分析与动态分析相结合的方法。仅分析短期内的经济运行情况，并未考虑经济运行到均衡状态的过程的分析方法是静态分析方法；将经济运行的时间纳入分析过程，将经济运行的变化过程作为分析的重点的分析方法是动态分析方法。本书中对对外直接投资对产业结构和技术创新影响机理的分析，既采用了静态分析方法进行对外直接投资与产业高质量发展的相关面板数据回归分析，也采用了动态分析方法研究对外直接投资影响国内产业高质量发展的长时间变化趋势，尽可能全面描绘经济全球化背景下中国对外直接投资对国内产业高质量发展的短期影响和长期的动态变化趋势。

第二，将文献研读与社会调查相结合的方法。本书在现有研究基础上，充分把握现有文献，对开放经济下产业发展理论与对外直接投资理论进行了梳理，对相关研究成果进行了归纳和总结，同时通过社会调查来了解我国对外直接投资与产业发展的情况，以此形成对二者关系的基本判断，为后文分析对外直接投资影响母国产业发展的机理及构建本书的理论框架奠定现实基础。

第三，将实证分析与规范分析相结合的方法。规范分析是基于一定的判断标准主观分析某一经济现象能否符合这一判断标准，这一经济现象立足于何种主观分析。实证分析针对经济现象或事物的发展状态进行客观分析，不涉及主观判断，解释了这一经济现象事实是什么。本书中将实证分析法和规范分析法进行了有机结合，通过具体研究我国对外直接投资与产业发展的现实问题，提出了该如何实现我国对外直接投资促进产业高质量发展的若干建议。

第三节　研究的创新点

本书的研究创新点有以下三个方面。

第一，研究视角创新。已有的关于我国对外直接投资对我国产业发展高质量影响的相关研究主要集中在对外直接投资对三大产业之间结构升级的影响方面。然而，产业的发展质量的内涵远不止体现在产业结构层面，产业高质量发展不仅是产业总量的扩张，更要注重产业的可持续发展，因此，产业内部的结构、技术创新能力、企业绩效水平都对产业发展质量有重要影响。本书从产业结构、技术创新、企业绩效三个视角，研究了中国对外直接投资对产业高质量发展的影响，是对现有研究视角的创新。

第二，研究框架创新。已有研究多是从投资动机、国别差异、产业选择等角度探讨我国对外直接投资对我国产业发展的作用机制，未曾有研究分析我国对外直接投资影响产业高质量发展的理论机制。本书在回顾现有研究的基础上，系统地将现有理论成果进行了总结和归纳，构建了我国对外直接投资影响产业高质量发展的理论框架，将产业内部的结构升级纳入产业结构升级的框架中，分析我国对外直接投资对国内产业结构、技术创新、企业绩效三个层面的影响，丰富补充了对外直接投资影响产业发展的理论框架。

第三，研究结论创新。已有研究衡量制造业升级的指标多是全要素生产率和劳动生产率，不能很好地反映制造业结构层次是否得到提升及对外直接投资对制造业结构的影响。因此，本书基于制造业的要素密集度，构建并测算制造业结构层级系数以反映制造业升级水平，研究对外直接投资对制造业升级的影响。此外，现有研究关于制造业对外直接投资对技术的影响多集中在技术进步方面，而技术创新是一个产业技术发展的核心。本书测算制造业技术创新效率，以反映制造业的技术研发的投入与产出是否能得到改善、技术创新能力是否能提升，通过分析对外直接投资对技术创新的影响，得到对外直接投资能促进技术创新的研究结论。

第二章　对外直接投资与产业发展的理论基础

本章是对对外直接投资与产业发展相关理论的系统归纳与总结，旨在为后续章节的研究奠定扎实的基础。自 20 世纪 60 年代开始，西方发达国家对外直接投资迅速扩张，引起学术界的关注。学界对其展开研究，促使发达国家对外直接投资理论实现较大突破。20 世纪 80 年代后，发展中国家也积极开展对外直接投资，但与发达国家有较大差异，传统对外直接投资理论并无法解释这些经济现象，由此引发学术界对发展中国家对外直接投资理论的深入研究。21 世纪初，中国作为迅速发展的经济大国，积极参与全球化，对外直接投资规模亦迅速扩大，并呈现集发达国家与发展中国家对外直接投资双重特点于一体的特征。

第一节　对外直接投资的理论

一、发达国家对外直接投资理论

垄断优势理论认为在东道国市场不完全的假设下，跨国公司基于自身产品差异化能力、产品创新能力、庞大的营销网络、品牌效应等方面的无形资产优势，并利用自身庞大的规模经济优势获得的低成本生产，形成相较于东道国企业的垄断优势，跨国公司可以凭借垄断优势控制东道国市场，牟取垄断利润。随着研究的深入，垄断优势理论也得到进一步补充和扩展，研究认为跨国公司对外直接投资的客观条件是东道国具有市场不完全性，而这种市场不完全性产生的原因是产品和要素市场的不完全性，或是因政府干预、政策导向而造成的市场扭曲，跨国公司是否能对外直接投资最终还是取决于自身是否具有垄断优势。垄断优势理论开创性地提出对外直接投资的相关研究，引起学术界对企业对外直接投资行为的关注，在此之后，对外直接投资理论不断发展丰富。

基于垄断竞争优势的假设提出的"产品生命周期理论"解释了国际对外直接投资的阶段性动机和区位选择标准。该理论认为产品在一国市场具有阶段性、周期性的经济特征，产品生命周期包括产品创新阶段、产品成熟阶段和产品标准化阶段，技术发展程度不同的国家其产品生命周期出现的时间亦具有较大差异性。根据产品生命周期理论，在产品创新阶段，企业投入大量研发资金、高素质研发人员进行技术研发创新，此时产品多在国内生产和销售，部分产品会被出口到发达国家。在产品成熟阶段，企业在成熟的生产技术和规模经济的基础上，会降低生产成本、提高利润；产品生产国的大量企业进入产品市场后，该产品在国内市场逐渐饱和甚至出现生产过剩问题，其他国家也出现对新技术的仿制和竞争者；此时企业为获得最大利润，在稳固国内市场的基础上增强产品的差异性，并通过对外直接投资方式进一步开拓国际市场，在国际市场进行产品的生产和销售，获得垄断利润。在产品标准化阶段，该企业的产品与仿制企业的产品差异逐渐缩小，该产品的生产技术和流程已经完全模式化，形成了固定的生产标准，企业凭借产品异质性拥有的垄断优势逐渐丧失，垄断利润缩小，而发展中国家的廉价劳动力、原材料等价格优势凸显，企业为降低成本，通过对外直接投资的方式将生产转移至低生产成本的发展中国家，并开始新产品的技术研发创新。

该理论强调企业开展对外直接投资是基于产品处于生命周期的哪一阶段，不同国家同一产品处于不同的阶段时，则可能产生国际投资行为，同时也会出现一国将优势产业向其他国家转移，推动国内新产品和新技术发展的情况。但是，随着国家之间技术差距缩小及跨国公司的快速发展，该理论对企业对外直接投资的解释力也逐渐减弱。

随着发达国家对外直接投资活动的增多，企业进行对外直接投资也展现出多方面的动机，这不仅是基于国内垄断地位和产品生命周期的差异。内部化理论从跨国公司之间的国际分工组织形式分析了对外直接投资的动机和决定因素，该理论基于新厂商理论和市场不完全的假定，认为中间产品市场存在不完全性，工艺生产的技术知识、半成品、管理经验和人员培训等中间产品的交易成本上升，仅靠市场交易渠道无法控制成本。跨国公司为降低因外部市场信息不对称带来的成本，实现利润最大化，选择在海外设立子公司进行投资活动，在国际范围建立生产和销售网络，将中间产品的外部市场内部化。由于外部市场的内部化交易，买卖双方对产品的信息有较准确、对称的认识，可以为企业节省交易成本，获得内部化收益，避免市场非完全性带来的损失，实现利润最大化，增强了跨国公司国际市场的竞争力。然而，该理论并未解释对外直接投资的区位选择，只是从企业内部化优势分析了其海外投资行为，企业若具有单一优势则可以选择其他的经营方式。

国际生产折衷理论认为跨国公司是否会进行对外直接投资取决于企业是否同时具备所有权优势、内部化优势、区位优势这三个方面的优势。其中，所有权优势是指企业拥有较大的生产规模、先进的生产技术、丰富的管理经验、充足的资金等，这些是其优势，这是企业对外直接投资的基础，如果企业只有所有权优势，企业会将技术转让给其他国家的企业，进行跨国生产经营。内部化优势是指跨国公司为降低市场交易成本，获得更大的企业利润，将外部市场内部化的能力。如果企业只拥有所有权优势和内部化优势，跨国公司可选择将产品出口而非选择开展海外投资。区位优势是指投资的国家或地区的具有资源、市场规模、法律制度、政策、劳动力成本等方面的优势条件。国际生产折衷理论是对发达国家跨国公司采取何种方式参与国际竞争合作，实现企业国际化的重要因素进行全面系统的总结。

20世纪60年代以来，随着发达国家劳动力成本逐渐上升，发达国家的劳动密集型企业开始向发展中国家展开投资。基于这一经济现象和劳动密集型产业转移理论可知美国等发达国家之所以选择将劳动密集型产业进行对外直接投资，原因是随着现代工业部门的发展，对劳动力需求加大，而传统部门能释放的劳动力要素变少，劳动力要素的紧缺，劳动力工资水平的不断提高，最终使国内劳动力成本过高，进而使这些国家的劳动密集型产业处于相对劣势的地位，促使这些发达国家选择将在本国处于劣势地位的劳动密集型产业通过对外直接投资转至发展中国家，为本国新兴产业和具有相对优势产业提供更多的生产要素，促进了这些国家的产业结构升级。

20世纪60年代，日本作为新兴发达国家之一，对外直接投资规模不断扩大，但是日本跨国公司对外直接投资行为的动机及区位选择等与欧美发达国家的对外直接投资行为明显不同。日本参与对外直接投资并不是国内的优势企业，而是劳动密集型和资源开发型的中小型企业，其投资区位选择多集中在日本周边国家。边际产业扩张理论的形成是基于20世纪50年代到20世纪70年代日本的对外直接投资行为，是以赫克歇尔－俄林的要素禀赋理论为理论基础，结合雁行模式理论，对日本对外直接投资行为进行针对性研究而得出的结论。该理论认为一个国家优先考虑将在国内已经丧失或者即将失去优势地位，但是在他国仍有竞争优势的边际产业通过对外直接投资行为转移至他国。边际产业扩张理论解释了日本对外直接投资的行为，即日本进行对外直接投资应该选择容易转移的技术投资，发展中国家的工业领域是日本对外直接投资的首选，这样不仅有利于日本产业的转型升级，也有利于东道国的技术进步并且促进其产业结构升级。但是，该理论认为发展中国家在接受对外直接投资的过程中不能主动学习发达国家带来的先进技术和管理经验，并进行技术和产业的创新，只能被动承接，这与现阶段发展中国家承接国际投资的产业转移现状不符。一些学者通过考察过去日本对外直接投资历程，发现日本海外投资经历的四个阶段：依赖比较优势吸引投资阶段、劳动力导向型对外直接投资阶段、培养新的比较优势的贸易导向型投资阶段、资本流入及资源导向型投资的资源整合阶段。动态比较优势投资理论认为一国的比较优势会受时间和其他客观条件的影响，一国的比较优势发生变化则该国的经济、贸易、对外直接投资都会受到影响，最终影响该国的产业结构，而不断增强的本国的比较优势则是一国由依赖外资转向对外直接投资的根本动力。

二、发展中国家对外直接投资理论

随着发展中国家逐渐开始开展对外直接投资，呈现出与发达国家不同的投资动机、特征、区位选择等，学术界开始对发展中国家对外直接投资理论给予关注。

一部分学者认为发展中国家多是基于技术原因而展开对外直接投资行为的。"小规模技术理论"是在产品生命周期理论和国际生产折衷理论的基础上，研究发展中国家的对外直接投资行为这一现象而形成的。该理论认为相对于发达国家，发展中国家市场规模较小，企业多采用灵活性高、生产成本低的小规模生产技术生产产品，这些是发展中国家的优势。此外，发展中国家还具有要素成本优势，这使得发展中国家企业规模较小，而其生产亦拥有低成本优势，即使发展中国家跨国公司技术水平低、生产规模较小，也可以以低价格的产品营销策略进入发达国家并迅速占领国外市场。同时，该理论分析了发展中国家对外直接投资的动因，出口市场受到威胁是发展中国家采取对外直接投资的主要原因，地理距离、经济发展水平、社会文化相似度也是影响其选择东道国的主要因素。但是，企业长期采用小规模生产技术，产品易失去创新动力，会带来产品长期处于生命周期末端的劣势，企业也将面临被国际市场淘汰的风险，这是小规模技术理论的局限性。然而，发展中国家进行对外直接投资的原因不仅是企业规模较小可通过技术模仿产生的低成本的相对优势。小规模技术理论强调技术的应用，而技术地方化理论更侧重发展中国家跨国公司利用引进的先进生产技术进行技术消化吸收、实现技术创新的过程。该理论认为发展中国家的跨国公司的对外直接投资不是对引进的技术的被动模仿，而应是主动地学习、吸收、改造、创新，将引进的先进技术地方化以实现自身技术和竞争能力的提升，开发出适应国内的生产要素条件和迎合国内的市场需求的产品，并增强产品的差异性，使其成为跨国公司的竞争优势。1980年中后期，发展中国家对发达国家对外直接投资规模不断增大，根据技术创新产业升级理论可知，发展中国家向发达国家展开对外直接投资的目的主要是获取其先进技术，发展中国家对外直接投资的区域分布规律是由周边国家到发展中国家再到发达国家，投资行业的发展规律是由自然资源产业转向进口与出口替代产业。发展中国家由于技术水平和资金的限制无法通过大规模的研发投入来实现技术创新，而是通过吸收跨国公司对外直接投资带来的先进技术来实现技术创新，最终实现促进本国产业结构的转型。但该理论忽视了发展中国家对外直接投资的资源、市场、战略资产等动机，只侧重于分析其技术动机。

发展中国家对外直接投资也受国内经济发展水平的影响。投资发展周期理论在原有的国际生产折衷理论的基础上考虑了时间因素，构建了集所有权优势、内部化优势、区位优势和时间因素于一体的理论框架。投资发展周期理论将一国的对外直接投资与经济发展水平相结合进行分析：在人均国民收入最低时，该国经济较落后，利用外资和对外直接投资规模较小；当人均国民收入在400~2000美元，对外直接投资水平仍不高；当人均国民收入在2000~4750美元，此时人均国民收入水平较高，国内经济发展迅速，对外直接投资水平得到了提高，而资本净流出仍为负；当人均国民收入大于4750美元时，资本净流出会为正，最后对外直接投资净额下降在零附近浮动，但对外直接投资超过利用外资，与其呈同向增长。

根据传统国际直接投资理论可知，企业对外直接投资必须具备一定的竞争优势，"LLL分析框架"打破了这一观点。根据"LLL分析框架"可知，发展中国家企业即使没有具备竞争优势仍可以进行对外直接投资并形成自身的比较优势，发展中国家的跨国公司在参与国际化的初期阶段较缺乏竞争优势，但通过资源联系、杠杆效应和学习效应融入国际化网络能提高自身竞争优势；发展中国家企业通过合资或其他合作形式与发达国家领先企业联系，再通过杠杆效应学习发达国家企业的先进技术、销售技能和管理经验等无形资产，并对学习、吸收、转化这些知识以形成自身的竞争优势。

第二节　产业发展理论

最早关于产业发展的研究可以追溯到英国学者威廉·配第（Willian Petty）提出的关于经济增长与产业结构升级的理论。随着相关研究不断深入，新理论不断涌现，较为典型的理论有三次产业的划分、二元结构模型等。2012年以后，中国经济处于"稳增长、促改革、调结构"的新常态时期，产业高质量的发展是我国经济可持续发展的重要源动力。本节从产业发展内涵界定等角度展开文献回顾，为下文研究对外直接投资对产业高质量发展的影响建立理论基础。

一、产业发展内涵界定

学术界对产业发展的定义通常体现在以下两方面：一方面，从微观角度分析企业内部竞争能力是否能提高、产品结构及生产流程是否能得到升级；另一方面，是从宏观角度分析产业间和产业内的结构层次及生产效率变化的现象。

（一）微观角度

从微观角度分析产业发展主要是通过考察企业内部竞争力的提高和产品结构的升级等，分析企业对产业发展的推动作用。该研究方向主要分为两个方面：其一，从企业要素密集度转移视角进行分析，企业由劳动密集型向资本密集型、技术密集型转变，企业生产由低价值产品向高技术、高附加值产品转变，企业核心竞争力的提升最终带动了产业的发展（Poon，2004）；此外，技术的研发创新能提高企业的生产效率，受利润的驱动，生产要素集聚，最终推动该产业的规模扩大，继而推动产业结构升级。其二，从价值链视角进行分析，企业生产从低利润、低附加值的劳动密集型转向高利润、高附加值的资本密集型及技术密集型的转变，该过程将促进产品的生产技术、品质、服务的提升，进而带动整个产业的升级，产业结构升级演变是由低附加值的价值链环节向高附加值的价值链环节攀升，实现从流程升级、产品升级、功能升级和部门升级四个角度的产业结构升级模式。

（二）宏观角度

从宏观角度分析产业发展主要是在产业分类的基础上展开的。产业分类是对产业进行三大部门的划分，即广义的农业、对自然资源进行制造加工的产业、无形资源制造部门进行划分，形成了农业、工业和服务业的三次产业划分标准。基于三次产业的划分，从宏观角度研究产业发展主要分为以下两个方面：一是考察三次产业的结构比重变化情况，产业结构升级是产业部门数量增加及各产业容量扩大，产业技术水平提高，由劳动密集型升级成技术密集型，各产业处于多产业的相互联系之中，产业结构呈规律性的变动，三次产业产值的比重沿着一、二、三产业的顺序不断上升；二是考察产业间及产业内效率的变化情况，从效率变动方面对产业结构升级展开研究，产业升级是产业生产效率和技术水平的提高，即产业由低技术水平向高技术水平的变化，从低生产效率向高生产效率的结构形态变化的过程和趋势，并且有产业间的结构升级和产业内的结构升级两种形式并存。

二、产业发展影响因素研究

产业发展是一个动态发展过程，受到社会需求、科技进步、开放模式、国际贸易、国际投资、制度安排、资源供给等因素的影响。总体而言，产业发展过程中社会需求是导向，资源供给是物质基础，科技进步是直接源动力，制度安排是体制保证，开放模式是有利条件。

（一）社会需求

社会需求是指在具有一定支付能力的基础上生产的供社会最终消费及使用的产品及劳务的需求总和。社会需求可分为消费需求、投资需求、出口需求。随着居民收入增加，消费需求逐渐趋向多层次、多样化，社会需求空间亦逐渐扩大；投资需求尤其是固定资产投资需求的扩大是促进产业结构升级的直接原因；出口需求是基于各国资源禀赋及相对优势的差异性在国际贸易中形成的比较优势，比较优势的变动影响着国家的贸易结构，进而对产业发展产生一定的影响。社会需求是产业发展的立足点和基础，社会需求的结构、水平的变动必然对产业的发展水平提升和结构升级产生影响。孙军（2008）从需求结构的演变角度对产业结构变化进行了理论分析和实证检验，他认为有限的需求空间会限制经济增长和产业结构的演变，因此要充分利用扩张的社会需求，促进产业结构升级并促使新的产业诞生，发展完善并取代旧的产业；同时，在开放的经济条件下，产业结构的提升依然依赖于国内的社会需求。韩颖、倪树茜（2011）建立将投入产出理论与对数平均迪氏指数分解法相结合的产业结构调整影响模型，分析了产业结构的影响因素及影响程度，由分析可知社会需求促进了第一产业占比的下降，第二产业及第三产业占比的提高，其中消费需求和投资需求增加抑制了第一产业占比的减少，出口需求和投资需求增加能促进第二产业占比的增加，三大需求增加均可促进第三产业占比的增加。

（二）技术进步

技术进步是经济增长、产业发展的动力。企业技术进步能够加快社会供求结构的演进、优化要素资源配置、改善贸易结构、促进各产业内的精细化和高级化，对产业结构的调整和升级有正向的促进作用。史学贵、施洁（2015）通过建立三部门增长模型研究中国产业结构变化的驱动力，结果显示技术进步是我国产业结构调整的直接原因，而提升自主研发能力和转变成偏向技术进步的经济增长方式是我国产业结构升级的重点。技术创新是社会技术进步的源动力，是产业发展的根本动力。李培楠、赵兰香、万劲波（2014）通过研究制造业及高新技术产业面板数据，选用BP神经网络方法，实证研究技术创新要素对产业创新的影响，研究结论表明技术创新要素比重增加有利于产业创新，进而促进产业发展。也有学者从技术效率角度分析技术进步对我国产业结构升级的作用。李健、徐海成（2011）通过1978—2006年的数据研究发现技术进步、技术效率对我国产业结构升级有正向促进作用，技术效率的提升对我国第一产业和第二产业的比重变化影响较大，技术进步和技术效率的提升对第三产业的比重影响较弱。

（三）对外开放

一个国家参与国际合作的方式为国际贸易和国际投资两个方面，通过融入全球化、嵌入全球价值链对产业发展能产生一定影响。

国际贸易是产业结构升级的驱动力，通过优化出口结构，吸收进口的设备和技术促进产业结构升级。一个国家的社会总产出不仅受到国内消费和投资量的影响，也会受到国际贸易净额的影响。李荣林、姜茜（2010）认为贸易的技术外溢效应通过进出口产品结构对产业结构产生影响，出口贸易结构在技术密集度低的行业对产业结构产生效应较为明显，而进口贸易结构在技术密集度高的行业对产业结构产生的效果更突出。黄庆波、范厚明（2010）分析并实证检验了对外贸易对产业结构升级的影响，结论表明一国的对外贸易能明显推动其产业结构升级，特别是对第二、三产业的推动作用明显要大于对第一产业的推动作用。黄凌云、张宽（2020）构建了产业质量、产业数量、产业合理化三个维度的指标来反映产业结构升级，实证分析了国际贸易与产业结构升级的关系，结论显示贸易开放能促进产业结构的数量升级、产业结构的质量升级及产业结构合理化升级。马晓东、何伦志（2018）将"一带一路"沿线国家从整体、划分四个区域和每个国家三个方面讨论了全球价值链嵌入度和产业结构水平之间的关系，他认为融入全球价值链也就是融入世界贸易体系、参与国际分工，对母国产业结构升级会产生一定的影响，而中国融入全球价值链可以促进我国产业结构升级，并且外商直接投资也会对产业结构升级有促进作用。孙晓华、王昀（2013）从工业层面分析了贸易结构对产业结构的影响，结论表明我国工业制成品的对外贸易有利于降低第一产业的比重、提升第二产业的比重。而作为资本生产要素的主要流动途径之一的国际投资的变动亦会对产业结构升级产生一定的影响。

国际投资可分为资本流入的外商直接投资和资本流出的对外直接投资两方面，两种资金的流动均可对产业结构的变动产生影响。外商直接投资通过引进外资弥补产业结构升级所需的资金缺口，为其提供发展所需的资本，同时通过科技人员流动效应、示范效应、市场竞争效应等方面促进国内产业结构的升级。蒋殿春、夏良科（2005）利用13个高新技术行业的面板数据构建模型分析外商直接投资通过市场竞争效应、示范效应、科技人员流动效应对高新技术产业产生影响，研究结果表明示范效应和科技人员流动能有效促进国内企业的技术研发，提升国内企业的创新能力，促进高新技术产业的发展。刘宇（2007）认为我国外商直接投资能显著地促进三大产业工业增加值增加，对不同产业的边际增加值是相同的，但由于外商直接投资集中于第二产业，对第二产业贡献最大，这在一定程度上造成了我国产业结构的倾斜。对外直接投资可通过边际产业转移、技术外溢、行业竞争等方面促进产业结构升级。赵伟和江东（2010）从产业间的转移效应、产业内的关联效应、行业内的竞争效应三个层面分析了对外直接投资对母国产业结构升级的影响机理，并实证检验了对外直接投资集中的十个省市的数据，验证了中国对外直接投资对产业结构有正向促进作用。凌丹、赖伟豪、刘慧岭（2018）通过分析中国对外直接投资的技术溢出效应发现对外直接投资可促进产业技术进步，进而影响我国产业结构的优化升级。

（四）制度安排

制度安排是影响宏观经济运行的主要因素，包括社会的基本经济制度和具体经济制度，对产业结构升级有重要的作用。政府通过资源配置方式、产业结构升级方向、产业结构升级状态等途径对产业结构的变动产生影响。政府通过制定产业政策和经济、行政、法律等相关手段对某个产业进行引导、扶持、限制时，该产业发展受到一定的影响，产业结构发展方向也会随之发生变化。郭晔、赖章福（2010）从地区异质性角度分析货币政策和财政政策对产业结构升级的影响，由结论可知财政政策对东部、中部、西部地区的产业结构升级有一定的作用，而货币政策对产业结构升级的影响较弱，且其对三大产业的效应都具有一定的地区异质性。张同斌、高铁梅（2012）在他们的研究中分析了财税政策对高新技术产业发展的作用，发现通过政府补贴、政府采购或组织企业采购的财政激励政策比税收政策更能有效促进产业产出的增加和内部结构的优化。王希元（2020）基于2009—2016年中国省级面板数据，采用非线性面板门槛模型，分析市场化、政府创新扶持、技术市场发育、金融发展和知识产权保护等五个制度因素是否能促进产业结构升级，结论表明推进市场化程度、政府创新扶持、提高技术市场发育、金融发展程度和加强知识产权保护这五个方面的制度完善均能对产业结构升级产生积极作用。

（五）资源供给

资源供给对一国或地区的产业发展有着深远的影响，资源供给包括自然资源、人力资源和资金资源。自然资源禀赋和产业结构的形成与发展有密不可分的关联，自然资源丰裕的国家可形成资源开发及加工的产业结构，而自然资源匮乏则会对某些产业的发展产生制约作用。人力资源的多寡及素质的高低影响着国内资源的转化和产业结构的高级化。王文彬、王延荣、许冉（2020）分析了黄河流域的水资源在受到限制的情况下对产业发展的影响，结论表明用水效率和水质对该区域的产业结构高级化和合理化均有影响，用水效率的提高，有利于地区产业结构的均衡发展及服务化的提高。张国强、温军、汤向俊（2011）从国家和区域层面分析了产业结构升级受人力资本及结构的影响，结论表明人力资本对我国整体产业结构升级的和东部地区的产业结构升级的促进作用较显著，对中西部地区的影响较弱，而人力资本的分布结构对我国产业结构的均衡发展有一定的不利影响。此外，金融对企业经营和产业的形成、发展、升级有重要的推动作用。王立国、赵婉好（2015）研究得出我国的金融发展对国内产业结构升级有积极的推动作用，对我国产业结构合理化有正向作用，金融市场结构的优化及金融发展的效率提升对我国产业结构的升级有显著的促进作用。

第三节　对外直接投资与母国产业发展的理论

对外直接投资对母国产业发展的影响实则是对对外直接投资的母国产业效应的研究，此研究要在国际直接投资理论框架下展开讨论才有意义。目前，关于对外直接投资对母国产业发展的影响的研究虽有部分理论解释，但仍缺乏扎实的理论基础，未形成系统的理论框架。发达国家对对外直接投资对母国产业发展的影响的研究较为成熟，而发展中国家由于对外直接投资起步较晚，故其相关研究仍处于起步阶段。本节则分别从产业联动、宏观变量传导、微观企业动机三个方面梳理对外直接投资对产业发展影响的传导机制、结构影响、效率影响。

一、对外直接投资影响产业发展的相关研究

关于对外直接投资对母国产业发展的影响，国外学者做了大量研究并形成了一定的理论基础。产品生命周期理论指出发达国家通过对外直接投资将母国劳动密集型产业向发展中国家转移，促进了母国产业向技术密集型的高级产业发展，促使下一轮产品周期运转。边际产业扩张理论指出将本国比较劣势的产业通过对外直接投资依次进行转移，可同时促进母国产业结构趋向合理化发展和对外贸易的发展。市场内部化理论指出企业通过对外直接投资能实现生产一体化，并获取知识，这将有利于母国企业及产业的产品技术结构的升级。劳动密集型产业转移论论证了发达国家通过对外直接投资向发展中国家转移劳动密集型产业促进了其产业结构升级。随着发展中国家主动参与到跨国投资活动中，发展中国家对外直接投资影响母国产业结构作用的理论逐渐出现。技术创新产业升级理论认为发展中国家通过向发达国家投资，学习其先进技术、经验，提升企业自身技术能力，可促进投资国产业结构的优化升级。

部分学者基于某一国家或地区的对外直接投资行为分析其对母国产业结构的影响。针对日本对外直接投资的研究发现对外直接投资扩张促进了母国技术、资本密集型产业的快速发展及产业结构升级。利用芬兰的数据证实对外直

接投资会影响母国产业的资本和劳动的再分配，促进母国产业结构升级。Driffield、Love、Taylor（2009），Herzer（2012）对英国、德国对外直接投资与国内产业结构关系进行研究，结论是对外直接投资对国内产业结构升级有正向的促进作用。Elia、Mariotti、Piscitello（2009）分析印度的数据发现，对外直接投资对印度低技术产业有抑制作用，但会促进高技术产业的发展。Ngai、Pissarides（2007），Joon、Hyun（2015）对韩国产业层面数据的分析也验证了对外直接投资的发展能推动母国产业结构优化。Barrios、Görgh、Strobl（2004）通过研究爱尔兰的数据发现，跨国公司有一部分中间投入品是由国内市场获得的，因此跨国公司的海外投资也会改变其国内产业结构。

随着中国对外直接投资在国际上的重要性逐渐增强，我国的对外直接投资额逐年攀升，国内学者也开始此领域的研究。大部分学者认为对外直接投资对产业结构的调整有正向促进作用。冯春晓（2009）通过分析我国制造业对外直接投资数据发现，我国制造业对外直接投资对产业结构合理化和产业结构高级化有正向促进关系，制造业的对外直接投资对其产业结构优化有长期稳定的促进作用。潘颖、刘辉煌（2010）认为技术进步、需求、国际贸易、固定资产投资、对外投资都对产业结构的优化升级有影响，并运用协整理论检验了对外直接投资和产业结构升级的格兰杰因果关系，结论表明短期内对外直接投资对产业结构升级的促进作用较弱，但长期作用可观。汤婧、于立新（2012）认为对外直接投资对产业内的连锁效应较强，对技术密集型的产业产生的积极作用较大，国家应鼓励支持相关产业的对外直接投资活动。卜伟、易倩（2015）通过逐步回归分析对外直接投资及控制变量对产业结构的影响有何差异，结果表明对外直接投资对我国产业结构升级有正向的促进作用，但由于投资规模、投资质量等因素的影响，对外直接投资对产业结构升级的影响不及消费需求、技术等因素的作用大。欧阳艳艳、刘丽、陈艳伊（2016）在考虑产业结构升级的时间及空间滞后性的前提下，分析了对外直接投资对产业结构升级的作用，结果表明对外直接投资对产业结构的高度和技术水平均有正向的促进作用。杜龙政、林伟芬（2018）通过分析我国对"一带一路"沿线国家直接投资发现，对"一带一路"沿线国家的直接投资有明显的逆向效率溢出，能提高我国产能合作效率，有利于我国的产业升级。

关于对外直接投资对母国产业结构升级的作用强度也有学者进行了相关研究。李逢春（2012）通过修改钱纳里结构增长模型，利用2003—2010年中国对外直接投资和产业结构升级的省级面板数据分析得知，对外直接投资规模扩大能促进产业结构升级，但对外直接投资过程的节奏和不规则度会抑制对外直接投资对产业结构升级的效果。李东坤、邓敏（2016）在考虑空间溢出效应的作用下，利用省级面板数据，分析对外直接投资对产业结构合理化和产业结构高级化的提升作用，结论表明国内各省的对外直接投资活动对国内产业结构合理化水平均有明显的提升作用，并且对相邻省份有空间溢出效应，但是对产业结构高级化的影响并不显著。

鉴于制造业在国民经济总体格局中占据的重要地位以及中国已成为第一制造业大国并努力实现向制造业强国转型的战略目标，我国不少学者展开制造业对外直接投资产业效应的研究。刘海云、聂飞（2015）从贸易结构和投资动机的视角研究发现：初级产品顺梯度对外直接投资会减少中国相应的出口生产，并转移至发展中国家，形成产业转移；制造业产品顺、逆梯度对外直接投资都与进出口呈正相关，表明对外直接投资促进制造业的生产规模扩大。贾妮莎、申晨（2016）通过马氏距离匹配法和倍差法对制造业企业数据进行实证分析发现，企业对外直接投资有利于提升高中端技术制造业增加值份额，但对低端技术制造业产生的作用较弱，并且投资于发达国家比投资于发展中国家对制造业结构升级效应作用更明显。当然也有一些学者持相反的观点，认为制造业的对外直接投资会造成"空心化""去工业化"等问题。白雪洁、于庆瑞（2019）通过省级面板数据运用一元并行多重中介效应模型，实证检验对外直接投资对制造业是否具有"空心效应"和"虹吸效应"，研究结论认为对外直接投资导致资金投资海外，造成国内制造业资金不足，易形成制造业的空心化，且存在明显的地区异质性，由于东部地区的制造业发展水平较高、对外直接投资规模较大，东部地区受影响最深。

二、对外直接投资影响母国产业发展的路径研究

现有关于对外直接投资对产业发展的影响路径的研究多是从产业联动、宏观变量传导、微观企业动机三个层面进行梳理。

（一）产业联动

学者基于产业联动层面研究对外直接投资对母国产业发展影响的研究主要集中在产业转移、产业关联和产业竞争三个视角，他们认为对外直接投资是通过产业转移效应、产业关联效应和产业竞争效应等机理促进母国产业结构升级的。学者基于本国具有比较优势产业或成熟的产业，提出对发展中国家对外直接投资有利于实现本国产业转移，为高技术产业和新兴产业提供发展空间。例

如日本基于本国纺织业的比较优势，通过对东盟各国的对外直接投资将在本国处于产品衰退期的纺织业转移至东道国，促进本国生产要素向新产业转移。Dowling、Cheang（2000）认为亚洲赶超型国家的对外直接投资在存在比较优势的情况下，与产业结构升级呈正相关，符合雁行模式的发展态势。陈岩、翟瑞瑞（2015）通过2004—2011年行业数据建立灰色关联模型验证了各行业的对外直接投资对其产业结构均有调整效应，中国对外直接投资能在一定程度上促进国内过剩产能的转移，并且通过产业内贸易能促进产业结构的调整。温湖炜（2017）从微观企业角度用倾向得分匹配法计算平均处理效应，得出的结论是对外直接投资能有效地缓解产能过剩，过剩行业比非过剩行业进行对外直接投资缓解企业过剩产能的作用更为明显，且投资国数目越多产能过剩指数越低。基于产业关联视角的学者认为当产业的技术、规模等发生改变时，会对其相关产业产生前向关联和后向关联，对其他产业发展产生影响。汪琦（2004）认为某一产业对外直接投资后，面对国外的竞争压力必然提升自身产品的技术水平和服务水平，并会产生波及效应，要求国内为其提供相关要素和服务的产业提升其水平，从而提高国内产业水平。也有一些学者认为企业进行对外直接投资，带动整个行业参与国际竞争，对产业发展产生影响。企业面对东道国企业的竞争压力，必然会引进先进技术、提高自主创新能力、学习管理经验以应对激烈的国际竞争，同时，提高企业的竞争力会对国内相关企业产生压力，迫使其他企业提升自身核心竞争力，最终导致整个产业的竞争力得到提升，进而促进该产业结构升级。

（二）宏观变量传导

学者关于对外直接投资通过宏观经济变量影响母国产业发展的研究主要集中在技术和贸易视角。魏巧琴、杨大楷（2003）认为对外直接投资通过提升人力资本、反向技术溢出、获取更丰裕的资源和原材料、促进产业结构高端化四个方面促进投资国产业结构升级。Braconier（2001）对瑞典跨国公司对外直接投资的技术溢出进行了研究，他认为对外直接投资同技术溢出效应呈正相关。俞毅、万炼（2009）通过分析我国对外直接投资与贸易商品结构的关系，他们认为初级产品和工业制成品的出口与对外直接投资存在长期的替代效应。林毅夫、苏剑（2007）认为贸易结构优化有利于国内的资本积累，为要素禀赋结构优化提供资金保障，进而促进国内产业结构升级。毛海欧、刘海云（2018）测算了中国对64个国家（地区）的出口劳动结构，并采用对外直接投资的面板数据，实证检验了出口劳动结构视角下我国对外直接投资对国内产业结构升级的影响，结论显示：逆分工梯度的对外直接投资的逆向技术溢出效应提高了高技术劳动的出口占比，有利于国内出口劳动结构优化，而顺分工梯度的对外直接投资的低端价值链和产业转移效应提高了国内技术劳动出口占比，对国内产业结构升级有积极作用，而逆向技术溢出效应降低了国内技术劳动占比，不利于国内的出口和产业结构升级。

（三）微观企业动机

企业为实现利益最大化在全球范围内进行资源配置，它们基于不同动机开展对外直接投资行为。蒋冠宏、蒋殿春（2014）利用已公布的企业数据实证分析企业对外直接投资对其母国企业生产率的作用，该作用受到时间因素的影响，研究表明对外直接投资活动对母国企业生产率有促进作用，但这种促进作用与投资时间呈反相关，随着时间越长对企业生产率提升的作用越小。贾妮莎、申晨（2016）对制造业的对外直接投资数据进行分析，得出的结论是制造业企业母国企业生产率与开展对外直接投资的技术高低呈正相关，高中端技术制造业企业对外直接投资有利于提高母国企业的生产率，对产业结构升级的促进作用明显。袁东、李霖洁、余淼杰（2015）认为制造业企业的对外直接投资对母国企业生产率有正向促进作用，但是这种作用的强弱受到企业所有制的影响，非国有制的企业对外直接投资对提高企业生产率的正向促进作用更强，国有企业对外直接投资对提高企业生产率的影响较弱。叶娇、赵云鹏（2016）运用2005—2007年对外直接投资企业相关数据分析企业对外直接投资行为对母国企业生产率的影响，研究发现我国企业的对外直接投资有利于提高母国企业的全要素生产率，且该逆向溢出效应会受到企业所属行业的影响。

三、对外直接投资影响技术创新的研究

一部分学者从宏观视角分析对外直接投资对代表技术进步的全要素生产率的影响，认为对外直接投资规模扩大对全要素生产率有一定的提升作用。赵伟、古广东、何元庆（2006）通过1985—2004年中国对外直接投资流入国数据进行回归分析发现，中国的对外直接投资与国内的全要素生产率呈正相关变动，呈现这种相关性的原因是企业对外直接投资带来的自主研发、技术转移等因素。汪思齐、王恕立（2017）通过对制造业27个行业的面板数据分析得知，对外直接投资对我国制造业全要素生产率有显著的促进作用，且对外直接投资对制造业的逆向溢出作用受企业中研发人员和技术人员比例的影响较大。薛

军、苏二豆（2020）采用倾向得分匹配法及双重差分法，通过对我国服务型对外直接投资的企业微观数据进行分析，分析了对外直接投资的逆向技术溢出效应，研究结论表明服务型对外直接投资能显著提升企业自主创新水平，有利于该行业的发展。姚枝仲、李众敏（2011）认为中国是主动通过对外直接投资获取先进科学技术，并通过逆向知识和技术转移，增加我国先进知识和提高自主创新能力，促进技术进步。茹玉聪（2004）认为技术寻求型对外直接投资通过对东道国领先企业和研发中心的学习能有效提高自主研发能力和企业的技术水平，摆脱对东道国技术的依赖，实现产业的跨越式发展。

还有一些学者从微观企业视角分析了企业的对外直接投资对技术创新能力的影响。毛其淋、许家云（2014）为分析对外直接投资与企业创新的关系，对我国2004—2009年企业微观数据采用倾向得分匹配方法进行研究，结果显示对外直接投资能持续有效地促进企业创新并可延长创新持续期，但是企业创新受对外投资的影响程度及持续期在不同经营范围的企业中存在显著差异。贾妮莎、韩永辉、雷宏振（2020）利用马氏距离匹配法分析制造业对外直接投资的企业对我国企业技术创新的研发投入和研发产出的影响，结论表明中国企业开展对外直接投资有利于国内研发投入的增加，技术寻求型对外直接投资能有效提升母国企业的研发投入及研发产出；基于东道国的异质性，对外直接投资流向发达国家有利于我国研发投入的提升，流向发展中国家有利于我国研发产出的提升。李思慧、于津平（2016）在对外直接投资逆向技术溢出效应的基础上研究企业的对外直接投资对其自主创新效率的影响，发现企业对外直接投资对企业创新能力的提升有较强的促进作用，但由于企业更倾向模仿创新而非自主创新导致创新产出不足，企业对外直接投资行为反而阻碍了企业的创新效率的提升。

第四节　本章小结

本章回顾和梳理了对外直接投资理论、产业发展理论、对外直接投资对产业发展影响的相关文献，现有文献为本书研究对外直接投资对母国产业高质量发展的影响提供了宝贵的理论基础和实证经验，但仍可从以下层面展开深入研究：

第一，对外直接投资对各产业之间结构升级的影响。关于对外直接投资对产业结构升级的滞后效应，学者从宏观视角分析对外直接投资影响产业结构升级传导机制的相关研究较少。自 20 世纪发达国家开展对外直接投资活动以来，学者在对外直接投资理论的框架下展开海外投资对产业发展影响的研究，多是以垄断优势、产品生命周期和产业转移等视角分析发达国家对外直接投资对母国产业发展的影响，例如垄断优势理论、产品生命周期理论、边际产业扩张理论、劳动密集型产业转移理论等；以技术创新视角分析发展中国家对外直接投资对母国产业结构升级的影响，代表性成果有技术地方化理论以及技术创新产业升级理论。而国内学者研究对外直接投资的产业间结构效应的热点主要集中在：一是研究对外直接投资对产业结构升级是否有促进作用，二是从微观企业视角和产业关联视角研究对外直接投资对产业结构升级的传导路径，三是从静态角度分析对外直接投资对产业结构升级的影响强度。因此，本书试图研究对外直接投资对产业结构升级的影响，并从宏观变量视角分析对外直接投资对产业结构影响的传导机制，对外直接投资对产业结构升级的影响强度及其对产业结构变动速率的影响。

第二，对外直接投资对产业内部结构升级的影响。少有学者基于行业结构层次分析对外直接投资对其结构调整的绝对变动和相对变动的影响。目前，国内学者的研究视角多集中在对外直接投资对产业发展的影响，均讨论对外直接投资对各产业之间结构的影响，然而基于产业内部的研究视角较少，产业的高质量发展不仅体现在各产业之间的结构升级，也要兼顾产业内部的结构升级。有部分学者从产业内部视角考虑对外直接投资的影响。因此，基于制造业在国民经济中的重要地位及转型的发展需求，本书以制造业的对外直接投资为研究对象，分析其对制造业内部结构的影响。

第三，对外直接投资对技术创新的影响。在高质量发展视角下产业发展不仅体现在产业结构的升级，更体现在自主创新能力的提升。目前，国内学者多集中于从产业结构方面研究对外直接投资对产业发展质量的影响，而关于对外直接投资对技术创新影响的研究则不多，主要集中在国家层面和微观企业层面，均讨论了对外直接投资对全要素生产率是否有促进作用。基于制造业在国民经济中的重要地位及转型的发展需求，本书以制造业的对外直接投资为研究对象，从技术创新的视角分析了其对提升国内技术创新能力的影响，及其对产业高质量发展的影响。

第三章 我国对外直接投资与产业发展的概况

本章旨在对我国对外直接投资与产业发展的现状进行梳理和剖析，一方面，笔者结合数据梳理我国自改革开放以来对外直接投资经历的四个发展阶段，各阶段的政策及其呈现的特点等，在归纳过去发展阶段的基础上总结当前我国对外直接投资的区域、规模、行业分布、动机等方面的特征；另一方面，笔者从产业的技术水平、已形成的结构、现阶段的规模、就业结构等方面研究并分析了改革开放之后的相关数据，归纳了近些年我国产业发展呈现的特征。对我国对外直接投资及产业的发展历程、现状、特征的分析，为下文从产业结构及技术创新视角分析对外直接投资对我国产业高质量发展的影响奠定了基础。

第一节 我国对外直接投资的现状

一、我国对外直接投资发展历程

（一）探索起步阶段（1979—1991 年）

改革开放后，我国经济发展逐步由以政府计划为主转向以市场调节为主的社会主义市场经济体制，这为我国对外直接投资发展提供了良好的国内环境。国务院相继出台了多项经济改革方案，鼓励我国企业迈出国门参与国际竞争与合作。这些政策的实施拉开了我国开展对外直接投资的序幕。

为促进我国企业迈出国门、贯彻落实政府的对外直接投资政策，我国政府制定具体政策措施以提高企业的自主经营权，为我国企业对外直接投资提供政策及法律保障，但此时政府关于对外直接投资的政策支持仍然较弱，基于我国生产设备和技术落后、资金不足、实体产业发展水平低、社会劳动力过剩、资本和外汇匮乏等问题，这一阶段改革开放的重心主要是吸引外商的直接投资和贸易。

因此，该阶段我国对外直接投资主要呈现以下特点：第一，对外直接投资企业数量少、规模小；第二，对外直接投资目的地虽然覆盖广，但以距离较近的相邻国家及一些发展中国家为主；第三，投资行业以低技术水平的餐饮、海外工程承包等行业为主，逐渐涉及有一定技术水平的资源开发、机械制造加工等行业；第四，投资主体在该阶段受海外投资环境及国内政策导向的影响强，故多以从事贸易的大型国有企业为主。

（二）稳步发展阶段（1992—2001 年）

在此发展阶段，我国企业对外直接投资热情高涨、积极性增强，海外投资逐渐增加。20 世纪 90 年代，经济全球化的速度和国际要素流动加快，全球资本、技术、信息等生产要素在各国间流动配置，跨国公司在全世界迅速发展；国内企业自改革开放政策实施以来在国际上的竞争力逐步提升，国际经济活动参与意识亦逐渐增强。良好的国内外环境也为我国企业进军全球提供了难得的机遇，企业积极开展直接投资。1992 年建立社会主义市场经济体制目标的提出，解放了国内的思想，打破了人们理念上的限制，释放了潜在的海外投资要素，促进了改革开放的走向深入，为国内企业对外直接投资营造了良好的环境。思想的解放、政策的支持是我国企业继续深入开展对外直接投资的有力保障。

这一时期对外直接投资较起步发展时期增长得更稳定，但是该时期流量的增长率的均值约为零，可能受以下两个因素的影响：第一，1993 年以后我国经济短期内增长较快，企业参与国际合作的热情高涨，积极开展境外投资，然而因企业投资目的不明确、经验不足，企业海外投资的收益及效率并不高。因此，国家出台了一系列的政策对企业对外直接投资进行宏观调控；同时，改革我国对外汇的管理体制；规范国有大中型企业的投资，加强企业对外直接投资的审批力度。这些措施和政策影响了对外直接投资的增长，这在一定程度上打击了国内企业对外直接投资的积极性。第二，1997 年亚洲金融危机使我国在亚洲地区的对外直接投资受损严重，警示了国内企业粗放型的海外投资的风险，使企业对外直接投资行为更加理性。

我国将国际市场和国内市场相结合，充分利用好两种资源，利用比较优势开展对外直接投资，在政策的扶持下，我国对外直接投资开始逐步恢复增长。政府为鼓励我国企业开展对外直接投资，相继出台相关政策为企业提供相应的优惠。

这一阶段，我国对外直接投资的特点是：第一，对外直接投资平均增长率低，对外直接投资规模不稳定；第二，投资目的地方面，仍然大部分集中在文化差异较小的周边国家和主要的发达国家；第三，投资行业方面，主要集中于已有一定投资经验的贸易、资源开发、加工装配、交通运输、工程承包、旅游餐饮等行业。

（三）稳定增长阶段（2002—2008 年）

这一阶段我国积极推进"走出去"战略，国内经济快速发展，企业对外直接投资的积极性高涨。

2001 年《中华人民共和国国民经济和社会发展第十个五年计划纲要》指出实施"走出去"战略，确立了对外直接投资在国内经济发展中的重要地位，从国内政策方面保障了企业开展海外投资。2001 年底，我国加入世界贸易组织以后，国际贸易和海外投资的环境得到了改善，投资壁垒逐步降低，对外直接投资的数量和质量得到提升，我国对外直接投资蓬勃发展。这一阶段我国坚持将"引进来"和"走出去"相结合，全面提高对外开放水平，拓宽开放的范围、领域和层次，积极参与国际经济与技术的合作和竞争，培养国际竞争力强的跨国公司，充分发挥跨国公司在国际竞争合作中的示范作用。在国家政策的大力支持下，我国对外直接投资步入稳定增长阶段，我国开展对外直接投资的企业数量也迅猛增长。

为了促进我国企业积极参与对外直接投资，我国政府多个部门颁布了一系列相关法规。在投资审核制度方面，政府改革审批工作，弱化政府在海外投资中的作用，将投资决定权交还于企业，转变审批制为核准制，简化投资审批流程，为企业提供更多的政策便利，提高了企业开展对外直接投资的主动性和积极性。在财政政策方面，政府采用直接补助或贴息的方式，对跨国公司在东道国成立研发机构、设立工厂等给予一定的财政补贴，从财政政策方面引导和鼓励企业对外直接投资。在外汇政策方面，政府为提高跨国公司使用外汇便利度，改革对外直接投资外汇管理制度，逐步增加企业海外投资的使用额度。

政府出台的对外投资的相关扶持政策，提高了企业对外直接投资的积极性。由表 3—1 可知，2002—2009 年我国对外直接投资呈稳步增长趋势，2002 年我国对外直接投资流量为 25.18 亿美元，投资存量为 371.72 亿美元。2007

年累计对外直接投资存量突破千亿美元。2008 年对外直接投资与 2002 年对外直接投资相比出现了较大幅度的增长，我国对外直接投资的企业在全球进行非金融类对外直接投资，2008 年对外直接投资流量达到 559.07 亿美元，存量为 1839.71 亿美元。

表 3-1　2002—2018 年中国对外直接投资流量、存量

年份	OFDI 流量（亿美元）	OFDI 存量（亿美元）	年份	OFDI 流量（亿美元）	OFDI 存量（亿美元）
2002	25.18	371.72	2011	746.54	4247.81
2003	28.55	332.22	2012	878.04	5319.41
2004	54.98	447.77	2013	1078.44	6604.78
2005	122.61	572.06	2014	1231.2	8826.42
2006	176.34	750.26	2015	1456.7	10978.60
2007	265.06	1179.11	2016	1961.5	13573.90
2008	559.07	1839.71	2017	1582.9	18090.40
2009	565.29	2457.55	2018	1430.4	19822.70
2010	688.11	3172.11	—	—	—

注：对外直接投资（Outward Foreign Direct Investment，OFDI）。

数据来源：笔者根据《2018 年度中国对外直接投资统计公报》整理所得。2018 年度中国对外直接投资统计公报［R/OL］.（2019-10-28）［2024-03-09］. http://fec. mofcom. gov. cn/article/tjsj/tjgb/201910/20191002907954. shtml.

这一阶段的对外直接投资的特征表现在以下三方面：首先，该阶段我国对外直接投资水平明显高于其他国家，投资规模明显扩张，增长速度加快；其次，投资行业方面呈多元化和集中性相结合的特点，对外直接投资总额集中在商务服务业、制造业、金融业、采矿业、批发零售业和交通运输业，同时投资分布于多个行业；最后，投资区位特征是投资范围更广，但仍主要集中在文化相近的相邻国家，而美国、欧洲和日本等发达国家和地区的投资占比亦显著提升了。

（四）高速增长阶段（2009 年至今）

2008 年全球金融危机爆发，严重影响了全球经济发展趋势，多国的国际贸易与对外直接投资的增长率都出现了下滑。而我国当年相比于 2008 年，对外直接投资流量的增长也微乎其微。2008 年之后，世界经济处于调整复苏期，各国经济仍面临着发展缓慢的压力。

在全球经济复苏的背景下，我国政府转变职能，明确权力清单，简化审批程序，不断激发我国企业海外投资的积极性，完善我国对外直接投资的相关政策，以此增强我国企业的发展动力。在审批制度方面，尽量为企业海外投资提供便利，同时也提出了我国企业海外投资过程中应当遵守的行为准则，并制定了行为失当将受到的处罚标准；提出我国企业对外承包工程的海外投资过程中应当遵守的行为准则，给予我国企业对外承包工程多方面的政策支持，促进了我国对外承包工程的健康发展；在外汇政策方面，制定相关政策提高我国企业海外投资过程中使用人民币结算的便利程度，同时采取相应措施引导企业降低海外投资过程中可能存在的汇率风险；在国际合作方面，积极推动我国与周边国家开展合作，加快投资便利化进程，坚持与周边国家合作的互利共赢，实现共同繁荣。在投资风险和投资信息方面，为降低企业信息不完全带来的投资风险，政府收集投资国政治、经济、风俗等方面的信息，建立合作信息平台，指出在各国的投资中可能会出现的问题，对企业海外投资能起到一定的指导作用，这也将降低企业的信息成本。

我国积极引导企业开展对外直接投资，同时又注重引导企业降低投资风险，最终对外直接投资实现了高速发展。由表3-1可知，2009年以后我国对外直接投资进入快速发展期，投资流量连续增加，投资存量迅速扩张。2012年全球对外直接投资的规模有所缩小，但是我国的对外投资规模并未受到影响，首次跻身全球对外投资国家排名的前三位置，而2012年对外直接投资的流量和存量增长为878.04亿美元和5319.41亿美元。

根据《2018年度中国对外直接投资统计公报》可知，这一时期中国对外直接投资进入快速增长阶段，该阶段海外投资有以下几个特点：其一，从投资区域分布来看，中国对外直接投资的国家中只有少数国家和地区占中国对外投资存量总额的比重大，其他投资额分布区域虽然覆盖了全球五分之四的国家和地区，但所占比重较小。中国在亚洲地区设立的跨国公司数量最多，其次为拉丁美洲和欧洲。其二，从投资行业分布来看，行业分布具有广泛性和集中性相结合的特点。投资行业的种类虽然较多，但只有少数行业所占比重较大，具有密集分布的特征。我国国民经济行业基本都开展了海外投资，也说明我国对外直接投资行业具有广泛性的特点。其三，海外并购存在涉及的总额大、分布广泛的特点。2018年，中国企业以跨国并购的方式开展对外投资的实际交易额为742.3亿美元，共有涉及63个国家和地区的433个项目，占并购总额41.9%为对外直接投资，金额为310.9亿美元，占当年对外直接投资总额的21.7%，海外融资431.4亿美元，占总额58.1%。

二、中国对外直接投资的特征

(一) 对外直接投资规模扩大，但总体规模相对较小

近些年来，我国坚定不移地走开放型发展道路，对外开放程度不断加深，而随着"一带一路"倡议的实施，政府积极引导企业参与国际竞争与合作，这些为我国对外直接投资快速发展带来了源源不断的动力，我国企业参与的积极性得到了提高，对外直接投资规模亦不断扩大。

进入 21 世纪以来，我国对外直接投资流量多年呈快速扩张的趋势，对外直接投资规模仍在继续扩张。2018 年中国对外直接投资流量和存量分别位列所有国家和地区的第二和第三名。加入世界贸易组织以来，投资的区域和行业扩大，良好国际和国内环境为我国对外直接投资快速上升提供了有利条件。

我国对外直接投资虽然快速增长，但是对外直接投资存量规模相比发达国家仍有不小差距，产生这种差距的原因可能是发达国家先于我国开展对外直接投资，占有一定的时间优势。

(二) 投资主体以国有企业为主导、多元化发展

改革开放早期，我国参与国际合作的方式主要是吸引外商直接投资和参与国际贸易。国有企业受政策影响较大，这是我国早期参与国际经济活动的主体，其涉外经验与私营企业相比较为丰富。此外，国家更加重视国有企业的对外直接投资，对国有企业对外直接投资的支持力度较对非国有企业的支持力度大，私营企业与国有企业相比会面临更多的风险与挑战。受以上因素的影响，我国早期参与对外直接投资的企业里国有企业占比较大，而非国有企业的占比较小。

经过多年的改革开放，我国对外开放的主体有了巨大的转变。在国际经济背景方面，近几年国外投资环境有所改善，主要得益于我国加入了世界贸易组织，部分投资壁垒得以消除。从国内背景来看，对外直接投资对经济和产业发展的促进作用日益凸显，国家鼓励各种类型的企业开展对外直接投资，参与国际竞争，以促进国内经济和产业的高质量发展。从企业自身竞争力方面来看，经过多年的对外开放，我国非国有企业管理灵活、创新能力提高，企业的竞争力与管理经验都得到大幅提高。在国际环境、国内环境及企业自身等多方面因素的作用下，我国对外直接投资企业中，国有企业的占比在逐渐下降，各类非

国有企业的占比则在持续提高。

在上述多种因素的作用下，有限责任公司、私营企业和股份有限公司等非国有企业凭借其管理灵活、创新能力强等优势积极参与国际竞争，我国非金融类对外直接投资存量中非国有企业的比重呈逐年上升趋势。表3-2显示了2018年我国各类型企业对外直接投资的绝对规模和相对比重。2018年末，我国对外直接投资者共有2.71万家，其中，有限责任公司最为活跃，占中国对外直接投资者总额的43.5%，居第一位；股份有限公司占中国对外直接投资者总额的24.3%，居第二位；私营企业占中国对外直接投资总额的11.1%，居第三位；外商投资企业占中国对外直接投资者总额的5.0%，居第四位；国有企业占中国对外直接投资者总额的4.9%，居第五位；港澳台商投资企业、其他企业、个体经营、股份合作企业、集体企业、联营企业占中国对外直接投资者总额的比重依次为3.7%、2.9%、2.4%、1.6%、0.4%、0.2%。

表3-2　各类型企业主体结构规模、占比

工商登记注册类型	数量（家）	比重（%）
有限责任公司	11787	43.5
私营企业	6583	24.3
股份有限公司	3013	11.1
国有企业	1347	4.9
外商投资企业	1335	5.0
港澳台商投资企业	999	3.7
个体经营	654	2.4
股份合作企业	429	1.6
集体企业	96	0.4
联营企业	65	0.2
其他企业	783	2.9
合计	27091	100

数据来源：笔者根据《2018年度中国对外直接投资统计公报》整理所得。

虽然非国有企业对外直接投资发展迅速，占比重较大，但我国经济体制仍然影响着对外直接投资的主体，国有企业在我国经济发展中仍发挥重要的作用。受国家经济体制的影响，国有经济必须对涉及国家安全和国民经济的行业有绝对的控制力，例如军工、电力电网、石油石化、民航、航运、煤炭、电信等，这些领域在开展对外直接投资时仍然以国有企业为主，国家的政策有利于国有企业，比国内其他企业主体在对外直接投资开展和支持力度方面有优势。

同时，从非国有企业方面来看，国内的非国有企业虽比早期时竞争力有所提升，但与国际大型跨国公司相比，仍有一定差距，我国跨国公司数量仍然较少，技术创新水平不高，大型跨国公司仍略少，企业效率仍有待提高，跨国投资的管理经验和综合竞争力仍有上升空间，与国际大型跨国公司相比，或与世界先进企业相竞争时，仍有一定的劣势，存在一定的风险。由此，我国形成了以国有企业为主导，以有限责任公司、股份有限公司、私营企业等为辅的多类型企业主体共同发展的对外直接投资局面。

（三）投资区域分布广泛，但存在不平衡性

近年来，我国在全球范围内积极开展对外直接投资，跨国公司分布于全世界各个国家，较发达的国家或地区易吸引我国对外直接投资，在这些地区某些区域的集中度较高。

2018年，我国的对外直接投资无论是从流量数据还是从存量数据来看，都集中分布在与我国相邻的国家，其次是少数的发达国家及金融发达的地区。形成这种投资区域局面的主要原因有三点：一是相邻国家地缘和文化更相近且投资风险较小，中国企业更倾向于对周边国家或地区进行投资；二是返程投资能带来更优惠的待遇，企业既可以实施对外直接投资又能获得外商投资者的优惠待遇；三是投资于金融发达地区可通过税收优惠政策，成立统一调度海外资金及利润的管理中心。

相对而言，中国企业在欧美等发达地区的对外直接投资在技术和管理方面不具有明显的优势，因制度、市场、文化等方面的有较大的差异，投资风险较大，因此均未形成较大的投资规模。就非洲地区而言，中国对其直接投资的比重也不高，对外直接投资行业主要集中在能源开采等相关产业和国内边际产业转移方面，如机械、家电、化工、纺织等具有一定技术优势的边际产业。

（四）投资方式多样，以跨国并购为主

企业参与对外直接投资的方式有绿地投资、合资经营、跨国并购等三种方式。现阶段绿地投资与跨国并购是一国企业进入东道国开展对外直接投资活动的主要方式。国内企业在国外的直接投资早期时竞争力较弱，因海外投资经验欠缺等因素的影响，多采用合资经营的方式进行对外直接投资，以缓解企业资金不足及规避东道国的经营风险。随着我国跨国公司积极参与国际分工，对投资地的政治、经济、制度、文化、市场、社会等了解更加深入，海外投资经验逐渐丰富，对外直接投资方式由合资经营转变为以绿地投资和跨国并购为主的多元化方式。在企业海外投资的过程中，绿地投资和跨国并购与合资经营相比，跨国企业能自主选择企业的经营范畴和管理方式，针对市场企业可灵活改变生产销售等策略，针对东道国的政策、市场、风俗等因素开展本土化生产，逐步渗透并影响东道国的经济、社会等各方面，积极获取东道国先进的技术、高素质人力资本、研发要素等，实现企业海外投资的最大利润，并对母国经济各方面产生影响。

由图3-1可知，2018年我国企业境外直接投资方式中跨国并购所占比重虽有所下降，但并购总额却呈稳步增长的趋势。据《2018年度中国对外直接投资统计公报》相关数据显示，2018年我国对外投资项目433个，实际交易总额达742.3亿美元，其中直接投资310.9亿美元，占并购总额的41.9%，占当年中国对外直接投资总额的21.7%。

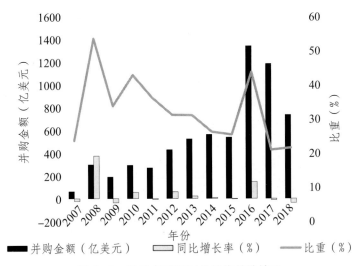

图3-1 2018年我国对外投资并购情况

数据来源：笔者根据《2018年度中国对外直接投资统计公报》整理所得。

（五）投资行业多元化、集中化

近几年来，我国对外直接投资呈稳定、持续和高速发展的特点，对外直接投资的行业结构也发生了显著的变化，呈现多元化和集中化的特点。

我国对外直接投资企业的行业分布呈以下四方面的特征。第一，我国对外直接投资涉及行业种类较多，例如，资源密集型行业类型的农副业、采矿业，劳动密集型行业类型的租赁和商务服务业，技术密集型行业类型的制造业，投资行业多元化特征比较显著。第二，我国对外直接投资多集中于劳动密集型行业和资本密集型行业，例如租赁和商务服务业、采矿业、批发和零售业、金融业及制造业，对技术密集型行业的投资仍需要进一步提升。第三，我国现阶段对外直接投资行业占比分布不均衡。如表3-3中数据所示，2018年我国租赁和商务服务业投资流量占比为35.5%、采矿业投资流量占比为3.2%、批发和零售业投资流量占比为8.6%、金融业投资流量占比为15.2%、制造业的投资流量占比为13.4%，远高于其余行业的投资流量比重，我国对外直接投资集中的行业分布已很明显。第四，对技术密集型行业的对外直接投资规模保持着稳定的增长，以信息传输、软件和信息技术服务业为例，该行业2018年的投资流量达56.3亿美元，所占比重为3.9%。

表3-3 2018年我国对外直接投资行业分布情况

行业	流量（亿美元）	同比（%）	比重（%）
租赁和商务服务业	507.8	−6.4	35.5
金融业	217.2	15.6	15.2
制造业	191.1	−35.2	13.4
批发和零售业	122.4	−53.5	8.6
信息传输、软件和信息技术服务业	56.3	27.1	3.9
交通运输、仓储和邮政业	51.6	−5.6	3.6
电力、热力、燃气及水的生产和供应业	47.0	100.6	3.3
采矿业	46.3	—	3.2
科学研究和技术服务业	38.0	59.0	2.7
建筑业	36.2	−59.9	2.5
房地产业	30.7	−54.9	2.1
农、林、牧、渔业	25.6	2.2	1.8
居民服务、修理和其他服务业	22.3	19.5	1.6
住宿和餐饮业	13.5	—	0.9
文化、体育和娱乐业	11.7	341.1	0.8
教育	5.7	328.5	0.4
卫生和社会工作	5.2	48.8	0.4
水利、环境和公共设施管理业	1.8	−18.4	0.1

数据来源：笔者根据《2018年度中国对外直接投资统计公报》整理所得。

第二节　我国产业发展的特征

一、三次产业产值规模扩大、产业结构优化

经过改革开放和我国经济体制的改革，我国的综合实力增强，经济发展水平提高，人民生活水平得到了较大改善，三次产业的产值规模不断扩大，产业结构不断优化。在市场经济的引导下，三次产业的产值快速增加，我国产业发展的重心在发生变化，也改变了三次产业在国民经济中所占的比重。第一产业即农业在国民经济中影响力逐渐减弱，第二、三产业占据国民经济发展中的重要位置。因此，第一产业在国民经济中的地位下降，其占国民经济的比重亦相应降低，第二产业和第三产业随着在国民经济中的地位上升，所占比重亦相应提升。我国形成了以工业和服务业为主体的产业结构体系。

笔者根据 1979—2019 年《中国统计年鉴》绘制了 1978—2018 年我国三次产业结构的变化趋势（如图 3-2 所示），由此图可知我国产业结构的以下变化。

其一，我国第一、二、三产业的产值规模都在不断扩大，特别是进入 21 世纪以后，随着经济的高速发展，各产业产值逐步提升，第一产业产值以缓慢稳速的态势增长，而第二、三产业规模则是爆发式扩张。1979 年我国第一产业增加值所占比重高于第三产业的增加值占比，此时我国经济发展的主导产业是农业和工业。2018 年我国第三产业增加值所占比重远超第一产业增加值所占比重，当时我国以工业和服务业为主体的产业体系格局已日趋完善。

其二，就第一产业而言，实施家庭联产承包责任制使农民参加生产的热情高涨，推动了我国第一产业发展，第一产业在国内生产总值中所占比重持续上升。1979—1984 年产值规模持续扩大，但随着家庭联产承包责任制对农业发展的刺激作用逐渐减弱，以及国内第二、三产业的快速发展，第一产业的产值虽然呈现稳定增长的趋势，但占国内生产总值的比重却开始持续降低。

其三，就第二产业而言，自 1978 年以后第二产业所占比重虽略有浮动，但在我国国内生产总值中一直占据着重要地位。近些年来，随着劳动力成本增加、欧美等国家推进"再工业化"进程，制造业发展的支撑条件发生改变，第二产业增长趋势放缓，第三产业占我国国内生产总值的比重连续多年高于第二

产业的比重。

其四，就第三产业而言，改革开放早期我国第三产业发展缓慢，占国内生产总值比重的增长率几乎为零。但从 1982 年起第三产业加快发展，我国的产业格局也逐渐由第二产业占比第一、第一产业占比第二、第三产业占比第三转变为第二产业占比第一、第三产业占比第二、第一产业占比第三，第三产业在我国经济发展中占据重要的位置。2009 年以来，受资源、环境及经济发展方式转变等因素的影响，我国积极推动产业结构转型升级，出台一系列政策促进产业结构转型升级，大力发展以服务业为代表的第三产业，不断拓宽第三产业的发展空间。在此背景下，我国第三产业对我国国内生产总值的贡献度提高，服务业迅速发展，超越第二产业成为我国第一大产业。但是，我国第三产业占比与发达国家相比仍然偏低，我国第三产业发展仍有很大的空间。

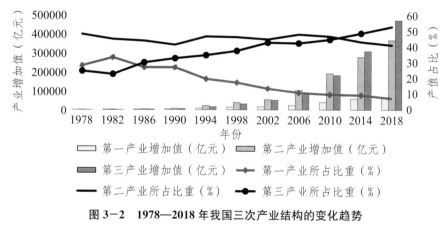

图 3-2　1978—2018 年我国三次产业结构的变化趋势

数据来源：笔者根据 1979—2019 年《中国统计年鉴》整理所得。

二、三次产业就业结构趋于合理，第三产业成为吸纳就业主力

一国的就业结构会随该国的产业结构的变动而改变，且存在一定的滞后性，而产业结构也会受到就业结构变动的影响。当一国的产业结构升级了，一些不发达产业将会消失，释放出这些产业所占有的劳动力，受利益驱动劳动力要素转移到新兴产业和高收益的产业，进而促进相关产业生产效率的提升，促进相关产业的就业结构发生改变，进而国内的就业结构会发生改变。

首先，从就业人数的绝对量来看，我国第一产业的就业人数呈现先增后减的态势，第二、三产业就业人数则是递增态势（如图 3-3 所示）。基于我国农

业长期在国民经济中占重要地位，20 世纪七八十年代，我国第二产业和第三产业处于初步发展阶段，此时第一产业的就业人员人数较多，此后农业就业人数逐渐减少，第二、三产业就业人数呈稳步增长态势。1994 年，第三产业就业人员数量高于第二产业的就业人员数量，并长期保持着这种态势；我国第三产业就业人数逐渐成为当年就业人员数量最多的产业。2014 年至 2018 年，农业和工业就业人数基本持平，第三产业的就业人数明显多于第一、二产业的就业人数。从就业人数的相对比重来看，20 世纪 90 年代中后期开始，服务业就业比重开始超过工业就业比重，此后第二产业人员比重连续多年小于第三产业。进入 21 世纪以后，第三产业的就业比重远超过第一、二产业，对国内就业走势产生了重要影响。

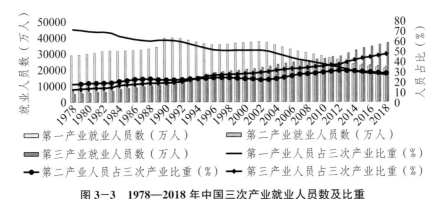

图 3-3　1978—2018 年中国三次产业就业人员数及比重

数据来源：笔者根据 1979—2019 年《中国统计年鉴》整理所得。

三、三次产业贡献度差异显著

一国的产业发展对国家经济发展会产生一定的影响，而经济的稳定发展是国家社会稳定和人民生活质量提高的保障。在产业发展过程中，三次产业对经济增速发展会产生一定的贡献，能显著拉动国内经济增长，各个产业对经济的拉动率和贡献率也存在差异。三次产业的经济增长贡献率和拉动率会随着产业结构变动而发生改变，我国第二产业和第三产业对经济增长的拉动率和贡献率会提高，进而推动国内经济的快速发展。

我国加入世界贸易组织之后，2002—2018 年三次产业的经济增长贡献率和拉动率情况见表 3-4。从表中可以看出以下几点：第一，三次产业对经济增长的贡献率和拉动率存在明显差异，其主要表现是第三产业最强、第二产业次之、第一产业最弱的格局。根据数据可知，第一产业对经济增长的平均贡献率为 4.47%，第二产业平均贡献率为 48.17%，第三产业平均贡献率为47.35%，由数据可看出第二产业和第三产业是国内经济增长的重要引擎。第二，第二产业对经济增长的贡献率和拉动率在缓慢减弱，而第三产业对经济增长的引擎潜质巨大。

表 3-4　2002—2018 年我国三次产业对经济增长的贡献率与拉动率

年份	第一产业贡献率（%）	第一产业拉动率（%）	第二产业贡献率（%）	第二产业拉动率（%）	第三产业贡献率（%）	第三产业拉动率（%）
2002	4.1	0.4	49.4	4.5	46.5	4.2
2003	3.1	0.3	57.9	5.8	39.0	3.9
2004	7.3	0.7	51.8	5.2	40.8	4.1
2005	5.2	0.6	50.5	5.8	44.3	5.0
2006	4.4	0.6	49.7	6.3	45.9	5.8
2007	2.7	0.4	50.1	7.1	47.3	6.7
2008	5.2	0.5	48.6	4.7	46.2	4.5
2009	4.0	0.4	52.3	4.9	43.7	4.1
2010	3.6	0.4	57.4	6.1	39.0	4.2
2011	4.2	0.4	52.0	5.0	43.8	4.2
2012	5.2	0.4	49.9	3.9	44.9	3.5
2013	4.3	0.3	48.5	3.8	47.2	3.7
2014	4.7	0.3	47.8	3.5	47.5	3.5
2015	4.6	0.3	42.4	2.9	52.9	3.7
2016	4.3	0.3	38.2	2.6	57.5	3.9
2017	4.9	0.3	36.3	2.5	58.8	4.0
2018	4.2	0.3	36.1	2.4	59.7	3.9

数据来源：笔者根据 2003—2019 年《中国统计年鉴》整理所得。

四、东部与中西部地区产业结构差异明显

东部地区具有优越的自然条件和区位优势，再加上各种政策的扶持和优惠，东部地区的经济增长速度远超过中西部地区。中西部地区生产总值占全国比重与东部地区仍然存在较大差距。东、中、西部地区的区域产业结构受地区经济发展水平的影响，也存在明显差异。

　　受经济发展水平、地区优势等因素的影响，我国东、中、西部三个地区产业结构的差异明显。东部地区第一产业对经济发展的影响逐渐减弱、占国内生产总值的比重变小，第二、三产业对经济发展影响重要性凸显且发展迅速，占国内生产总值的比重亦在逐年增加。一些东部地区发达城市如北京、上海、广州、深圳，第三产业发展迅速，主要集中在金融、房地产等行业，占我国国内生产总值的相当一部分比重。而中西部地区第一产业所占比重总体上还较高，第二、三产业所占比重虽然提升较快，但是占全国份额较东部地区小。中西部地区第三产业以传统产业为主，现代工业相关的行业发展水平并不高。中部地区第一产业所占比重虽然在持续下降，但仍比东部地区高，第二产业虽然所占比重较大但优势并不明显。西部地区第三产业所占比重高于全国，从表面上看似乎西部地区第三产业发展程度更高，但实际情况却不同。产生这种情况的原因并不是因为西部地区的产业结构程度更高级，而是因为相比东部地区，西部地区农业不发达、工业化落后、社会经济发展水平不高。

　　从制造业分布的区域来看，我国制造业主要集中在东部沿海地区，形成这种区域分布的原因是东部地区对外开放较早，出口和外商直接投资能促进制造业发展，产业集聚效应和国家政策的扶持等也是东部地区制造业发展的有利因素，以上均促进了该地区出口相关的产业及资本密集型产业发展；中西部地区受地理区位影响对外开放较晚，制造业基础较差，发展资金不足，制造业形成了以劳动密集型和资源密集型为主的发展格局。以制造业 29 个行业主营业务的收入来看，东部地区主营业务收入份额较高的行业有烟草加工行业，文教体育用品制造业，电子及通讯制造业，服装及其他纤维制造品制造业，皮革、毛皮、羽绒及其制造品业。而中部地区只有炼焦业，西部地区也只是烟叶烘烤业主营业务收入份额较高。此外，劳动和资本密集型产业的主营业务收入，东部地区占比较大，出口加工产业的主营业务收入大部分都集中在东部地区；资源加工型产业如烟草加工、金属冶炼、麻纺织业、盐加工业的主营业务收入主要集中在中西部地区，运输设备制造业和航空航天设备制造业也主要集中在中西部地区。

第三节　我国对外直接投资影响产业
高质量发展的现实分析

　　现有研究多从人力资本、制度、技术、金融、贸易、外商直接投资等方面开展对产业发展影响的探讨，从对外直接投资角度分析其对母国产业发展的影响。随着经济全球化深入发展，世界各国的海外投资活动日益增多，对外直接投资规模扩张，对外直接投资作为一国参与国际经济活动的主要方式之一，易引起学术界的关注与研究。学界普遍认为企业开展对外直接投资的主要原因有以下几个方面：一是为实现企业效益最大化，对外直接投资能实现产品生产成本的减少；二是利用企业具有的比较优势在海外进一步拓宽市场，以获得高额的垄断利润；三是为获取其他国家的先进技术、管理方式、公司制度等，提升母公司的国际竞争力。因此，比较发达的国家开展对外直接投资的产业多是本国已经成为或即将转变为相对劣势的产业，而该产业对于东道国却是有比较优势或潜在优势的产业。相对落后的国家向发达国家开展对外直接投资，并通过学习、吸收、改造、创新获取先进技术和公司管理经验制度等，在短时间实现提升国际竞争力的目的。对外直接投资的产业格局不仅与国内产业结构升级有密切的关联，也影响着国内的生产要素结构、产业体系、产业发展、经济结构。中国作为一个处于经济转型和结构战略性调整的发展中国家，在对外直接投资的过程中必须考虑其对我国产业发展的影响，把对外直接投资发展与产业高质量发展有机地结合起来，充分发挥对外直接投资在产业高质量发展及优化要素在全球配置中的重要作用。

　　随着我国对外直接投资规模的逐年扩大，第三产业所占比重整体呈递增的趋势，第一产业及第二产业所占比重整体呈下降趋势，产业结构层次逐渐提升（如图 3—4 所示）。

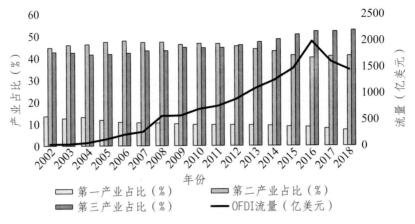

图 3-4 2002—2018 年中国对外直接投资流量与三次产业概况

数据来源：笔者根据 2003—2019 年《中国统计年鉴》及《2018 年度中国对外直接投资统计公报》整理所得。

从我国三次产业的对外直接投资流量占比和三次产业增加值占国内生产总值比重来看，2005—2018 年二者的走势大体趋同（见表 3-5）。第一产业方面，我国第一产业的对外直接投资流量占比和产业增加值占比最小，并呈持续下降态势，2018 年对外直接投资流量占比和产业增加值占比分别为 1.8% 和 7.2%。第二产业方面，第二产业对外直接投资流量所占比重在 2005 年被第三产业对外直接投资流量占比超过，而 2012 年第三产业增加值占比才超过第二产业。第二产业增加值占比整体出现持续下降，原因可能是受第二产业对外直接投资流量占比整体下降趋势的影响，第二产业对外直接投资流量占比下降使得国内第二产业发展的步伐略落后于第三产业，增速有所放缓；这可能是因为我国工资水平提高、劳动力成本优势逐渐消失，大量的制造业企业将国内生产转移到东南亚等劳动力成本低的国家。第三产业方面，2005 年第三产业的投资流量占比为 66.2%，2018 年第三产业的投资流量占比为 75.8%，2005 年第三产业的产业增加值占比为 41.4%，2018 年第三产业的产业增加值为 52.2%，第三产业的投资流量和增加值均保持着稳定持续的增长。2005 年第三产业对外直接投资流量占比在超过了第二产业之后，多年对外直接投资流量占比稳定在 50% 以上，产业增加值占比也相同于对外直接投资流量占比的发展趋势，在这段时间内呈逐渐上升趋势。

表3-5　2005—2018年对外直接投资流量占比和三次产业增加值占比

年份（年）	对外直接投资流量占比（%）			产业增加值占比（%）		
	第一产业	第二产业	第三产业	第一产业	第二产业	第三产业
2005	0.9	33.0	66.2	11.7	46.9	41.4
2006	0.9	45.4	53.8	10.7	47.4	41.9
2007	1.0	25.2	73.8	10.4	46.7	42.9
2008	0.3	17.2	82.5	10.3	46.8	42.9
2009	0.6	29.0	70.4	9.9	45.7	44.4
2010	0.8	18.9	80.3	9.6	46.2	44.2
2011	1.1	33.5	65.4	9.5	46.1	44.3
2012	1.7	31.2	67.1	9.5	45.0	45.5
2013	1.7	34.4	64.0	9.4	43.7	46.9
2014	1.7	25.4	72.9	9.2	42.7	48.1
2015	1.8	25.5	72.8	8.8	40.9	50.2
2016	1.7	19.8	78.5	8.6	39.8	51.6
2017	1.6	21.9	76.5	7.9	40.5	51.6
2018	1.8	22.4	75.8	7.2	40.7	52.2

数据来源：笔者根据2005—2019年《中国统计年鉴》及《2019年度中国对外直接投资统计公报》计算所得。

具体而言，我国对外直接投资与国内产业发展趋势主要体现在以下几个方面。

首先，从投资主体结构来看，我国海外投资主体以国有企业为主导，有限责任公司、股份有限公司、外资企业、私营企业等主体多元化发展。随着国内新兴产业和高新技术产业的崛起及私营企业开展海外投资的规模扩张，我国企业对外直接投资的规模有较大提高，促使国内处于边缘的一些传统产业和边际产业向国外转移，释放新兴产业和服务业等发展需要的生产要素和空间；同时国内的中小型企业对外直接投资的行业选择多是技术密集型行业和劳动密集型行业，进而带动了国内产业的发展。

其次，从投资行业结构来看，我国现阶段对外直接投资行业中，劳动密集型行业对外直接投资仍占有较大的比重，资本密集型和技术密集型行业对外直接投资保持稳定上升趋势。劳动密集型行业的对外直接投资转移了国内相对落后的产能，为新兴产业和高新技术产业的发展、国内产业技术水平的提升提供了良好的外部条件；技术密集型行业对外直接投资通过向发达国家先进技术和研发资源密集区域的投资，来获得先进技术和高素质人才，并通过逆向溢出回我国，使我国的技术水平逐渐提高，来推进国内产业结构的转型升级。

最后，从投资地域结构方面而言，我国对外直接投资的区位分布呈现出集中性和不平衡性的特征，我国对外直接投资的主要地区是亚洲和美洲、欧洲，对大洋洲和非洲的投资只占投资总额的十分之一，相比之下其所占比重较小。我国对技术及研发要素丰裕的欧盟地区投资行业主要集中在制造业、采矿业、金融业等；对劳动力成本较低的东盟国家的投资行业主要集中在制造业、批发和零售业、租赁和商务服务业。一方面，我国投资于欧美地区的技术领先国，以获得先进技术和研发要素的逆向溢出，来创造良好的外部条件推动国内技术创新和产业结构升级；另一方面，投资于亚洲部分国家，实现转移边际产业和研发资本的积累，提供良好的内部条件以推动国内自主创新能力提升和产业结构升级。

通过上述分析可知，我国三次产业对外直接投资的相对规模在发生变动时，在一定时间之后，三次产业产值的相对规模也会相应地发生同向变动，我国对外直接投资流量占比与产业增加值占比的变动路径在一定程度上反映了我国对外直接投资可能对于国内产业高质量发展发挥促进作用。

第四节　本章小结

本章主要介绍了中国对外直接投资的演进历程、发展现状和国内产业结构的特征。首先，在中国对外直接投资的演进历程方面，本书认为我国对外直接投资的发展经历了探索起步阶段（1979—1991 年）、稳步发展阶段（1992—2001 年）、稳定增长阶段（2002 年—2008 年）、高速增长阶段（2009 年至今），各发展阶段对外直接投资的规模、投资目的、投资主体、投资行业方面具有不同的特点，各阶段政府政策扶持的方面也不同。但总的来看，中国对外直接投资规模不断扩大，投资质量不断提升，形成以国有企业为主导、多类型企业共同向全球各国的资本和技术密集型行业投资的投资模式。其次，经过改革开放和经济体制改革后的不断发展，中国对外直接投资高速发展，现阶段中国对外直接投资具有以下特征：一是投资规模不断扩大但总体规模相对较小；二是投资格局以国有企业为主导、呈多元化发展；三是投资区域分布广泛，但发展存在不平衡性；四是投资方式多样，以跨国并购为主；五是投资行业呈多元化、集中化。文中从投资规模、投资主体、投资区域、投资方式、投资行业对我国对外直接投资的特征进行阐述。再次，在产业发展的特征方面，研究分析了三次产业的规模、结构、就业结构、经济增长贡献率、地区差异等方面的特征，笔者发现经过我国经济的不断发展，我国产业发展整体质量不断提高但是区域差异明显，第三产业的规模和比重上升、就业人数占比增加、经济增长贡献度大均表明我国产业结构正在逐步调整、优化。最后，在上述研究内容的基础上，笔者从现实的视角将对外直接投资与国内产业发展结合起来进行分析，通过理论分析和实证分析进一步探索我国对外直接投资对国内产业高质量发展的影响，为后续章节的研究提供了客观的现实基础。

第四章 对外直接投资影响国内产业高质量发展的机理分析

对外直接投资对产业发展影响的研究属于对外直接投资的母国效应的讨论范畴，国内外众多学者对两大变量的内在影响机理展开了研究。鉴于结构优化和技术创新是产业高质量发展的两大动能，企业绩效是从微观视角考量产业高质量发展的重要指标，本章着重从产业结构优化、技术创新和企业绩效三个视角系统地描述和探讨了对外直接投资对产业高质量发展的影响机理。

第一节 我国产业高质量发展的内涵界定

一、产业高质量发展的含义

改革开放以来，中国经济保持高速增长，如今经济总量稳居世界第二位，产业规模不断扩大，产业结构不断优化升级，现代工业体系全面建成。但我国的产品质量和生产效率仍有待提高，产品处于全球价值链的中低端，产业核心技术创新率偏低，产业结构仍有待调整和升级。随着近年来国际经济环境变化和国内生产要素成本上升、要素禀赋条件的变化，我国产业进入了转型发展期。

中国经济已由高速增长阶段转向了高质量发展阶段，正处于转变发展方式、优化经济结构、转换增长动力的攻关期。产业是经济发展的重要命脉，而产业高质量发展理念为解决当下产业发展的困境提出了全新的指导思想和发展方向。自高质量发展理念提出后，国内学者对高质量发展的研究多集中于高质量发展的内涵、动力、路径等方面（田秋生，2018；刘国新，王静，江露薇，2020；张永恒，王家庭，2019），各位学者认为高质量发展是以质量为目标，以技术创新为动力、以协调发展为内在要求的可持续发展。任保平（2018）认为高质量发展不仅是经济的高质量发展，更是改革开放、城乡发展、生态环境等方面的高质量发展。王春新（2018）认为高质量发展就是以创新为驱动力，提高质量和效率，改善民生水平，保持经济运行的稳定性、可持续性和低风险，实现绿色低碳发展和协调共享。

部分学者对制造业高质量发展的理论机制进行了定量分析。唐红祥、张祥祯、吴艳等（2019）从制造业的经济发展质量、发展效率等方面构建制造业质量发展指标，从出口、市场、产业内贸易三个方面构建制造业国际竞争力指标，以制造业的发展指标和制造业国际竞争力指标共同反映我国制造业发展质量水平。刘国新、王静、江露薇（2020）以经济效益、创新发展力、产业结构、开放程度、生态环境五个指标构建制造业高质量发展水平的评价体系，并通过实证研究得出结论，我国制造业高质量发展水平呈上升趋势且存在区域发展的不平衡性。

产业高质量发展的内涵很丰富，但至今未形成一个统一的表述。产业高质量发展不仅是产业增加值的快速增长，而且是产业结构高质量发展、技术创新的高质量发展，既是生态环境的高质量发展，也是产业以技术创新和结构优化为发展动力，以高端化、绿色化、智能化、融合化为发展方向，以集约型增长实现的绿色、高端、可持续发展，具体内容体现在以下几个方面：

第一，推动产业向高端化发展。产业高端化是产业高质量发展的核心，是推动经济发展的主要因素，发展高端装备制造、新能源、新材料、互联网等高端产业才有利于加强建设新兴产业，有利于推进产业链的高端化。

第二，推动产业向绿色化发展。产业高质量发展、可持续发展必须是绿色低碳发展，将产业发展与资源保护相结合，通过科技创新、产业结构升级、推广绿色生产及生态产业，降低生产的能耗和物耗来推动产业的绿色化发展。

第三，推动产业向智能化方向发展。以产业智能化作为发展方向，为技术创新研发、高新技术产业及新兴产业发展带来巨大的发展空间。

第四，推动产业向融合化方向发展。经济全球化和信息化深化了产业开放程度，加强国际市场产业融合和国内产业间融合是未来产业发展的方向，加强产业间的相互渗透将有利于拓宽产业发展空间。

第二节　基于产业结构视角的解析

一、理论基础

国外对外直接投资与产业结构理论多以母国经济发展地位为切入点展开研究。产品生命周期理论、边际产业扩张论、市场内部化理论、劳动密集型产业转移论等理论均以发达国家对外直接投资为研究对象，分析其对母国产业结构升级的影响，认为发达国家开展对外直接投资有利于母国产业向发展中国家转移，从而推动母国产业结构升级。有关技术创新产业升级理论有很多学者进行了研究，Dunning（2006），Driffield Love、Taylor（2009），Herzer（2012），Elia、Mariotti、Piscitello（2009）认为发展中国家企业进行对外直接投资将促进母国的资本密集型产业和技术密集型产业的发展，最终促进产业结构升级。

我国大部分学者研究认为我国的对外直接投资对产业结构升级有正向的积极作用（李逢春，2012；李东坤，邓敏，2016；刘海云，聂飞，2015；贾妮莎，申晨，2016）。卜伟、易倩（2015）认为中国对外直接投资对产业结构升级有促进作用，并以对外直接投资的动机为切入点分析了不同投资动机对我国产业结构升级的差异性。即使产业结构调整存在时间及空间的滞后性，对外直接投资也能优化产业结构和提高技术水平，推动产业结构升级（欧阳艳艳，刘丽，陈艳伊，2016）。

二、基于产业结构视角对外直接投资影响产业高质量发展的路径

现有文献对对外直接投资影响产业结构升级的机理的分析多从微观动机和产业关联两个角度展开，除此之外，贸易、技术进步、消费、投资等宏观经济变量也是决定产业结构优化升级的关键因素，会对母国产业结构优化产生重要的影响。从产业结构升级视角，我国对外直接投资推动着产业结构的加速升级，最终推动着我国产业的高质量发展，即我国对外直接投资→我国产业结构升级→我国产业发展质量提升。

下文笔者试着从以下几个方面对对外直接投资影响产业结构升级的机理的现有研究进行梳理与研究，详情如下。

（一）贸易路径

对外直接投资能通过贸易结构变动影响产业结构。韩国制造业对外直接投资能优化本国高技术产品出口结构，对高技术产品出口有积极作用；日本对外直接投资能增加国内母公司资本密集型产品出口，这将有利于日本国内产品结构的优化。张春萍（2012）选取中国 1996—2010 年对 18 个国家对外直接投资的面板数据进行实证检验，得出的结论是对外直接投资对我国产生出口创造效应和进口创造效应，这有利于国内贸易结构的优化，也有利于国内产业结构升级。顾雪松、韩立岩、周伊敏（2016）在四种对外直接投资类型基础上分析对外直接投资对出口的影响条件，他选取了 2003—2011 年中国对 108 个国家对外直接投资的面板数据进行实证检验，结论显示我国对外直接投资对出口有积极的作用，存在出口创造效应，这有利于产业结构升级。相关研究基本支持对外直接投资对贸易产生积极影响，进而对母国产业结构升级会产生影响，因此，下文将从对外直接投资动机出发，分析对外直接投资如何影响母国的贸易结构。

资源短缺是制造业结构升级的重要影响因素。因能源供应的影响因素较多，仅依赖进口无法保证其持续稳定的供应。因此，资源寻求型对外直接投资对贸易的影响主要体现在两方面：一是通过投资资源丰裕的国家，获取资源后出口返回母国，母国资源得到稳定供应，稀缺资源会得到缓解，使用资源的成本会降低，这将有利于工业制成品的出口；二是为采掘资源必然会带动相关行业设备及服务的出口，这将有利于此类技术设备产品的出口。

市场寻求型对外直接投资对贸易的影响也体现在两个方面：一方面，它扩大了企业在东道国的市场份额，规避了贸易壁垒，产生了出口替代效应；另一方面，企业从母国寻找部分原材料和中间品生产商，增加母国原材料、设备和中间品的出口，刺激了相关产品的出口。该行业为适应市场需求增加出口必然会不断调整生产技术，并带动母国相关中间品生产行业的发展。

效率寻求型对外直接投资对全球资源进行整合，提高了母国企业的生产效率，并促进国内技术密集型、知识密集型产品的生产和出口。

技术寻求型对外直接投资企业主要是为获取发达国家先进的设备、技术、研究专利：一方面，向母国引进先进技术设备并增加了该行业的进口量，先进的技术设备必然会引起该行业生产效率提高并带动产业结构升级；另一方面，提升母国技术产品的质量，并对其出口有正向推动作用。

国内许多研究均认可贸易结构优化对产业结构优化有正向的积极作用（林毅夫，苏剑，2007；卜伟，杨玉霞，池商城，2019）。学者们也对其进行了定量分析：黄庆波、范厚明（2010）利用中国和印度的数据实证检验贸易结构与产业结构升级的关系，结论显示贸易结构优化有利于国家的第二、三产业的发展，并易于实现产业结构升级；孙晓华、王昀（2013）通过结构效应指标及回归分析发现，贸易结构优化有利于提高第二产业比重，并促进我国产业结构的高级化提升。刘斌斌、丁俊峰（2015）认为工业制成品的出口扩大有助于我国产业结构的合理化发展。许多文献深入研究了贸易结构促进产业结构优化的作用机制，贸易结构优化对产业结构优化主要有两个途径：一是优化国内资源禀赋。基于比较优势理论，国家通过进口本国相对劣势的产品和出口本国具有比较优势的产品来实现优化产业结构的目标，如我国通过进口获取国内稀缺资源和有比较优势的技术以缓解产业发展的约束，同时通过出口具有比较优势的产品缓解国内内需不足、促进出口产品的技术和质量的提升并刺激相关产业发展。二是融入全球价值链，与国际产业协同发展。当前经济全球化加速发展，国家或地区间的经济发展相互依存和渗透更加紧密：一方面，贸易结构根据国际市场对中间产品与最终产品的需求会使各国相关产业得到优化，实现流程和产品的升级，推动产品供求结构调整，促使国内的产业结构升级；另一方面，通过优化国内产业的投入产出比可推动产业结构的优化升级。

通过贸易结构促进产业结构升级的过程如下：发达国家拥有先进的技术和高素质人才，开始研发新的产品并进行规模生产，发展中国家缺乏相应的技术，只能通过进口的方式引入该产品，于是该产品引起了两国之间的贸易；在一定贸易基础上，发展中国家从发达国家引进生产该产品的设备，拥有了生产该产品的条件，国内产业结构优化升级，资本密集型产业逐渐拥有竞争优势；随着对发达国家先进技术的引进和规模化生产，发展中国家的资本密集型制造业凭借竞争优势和成本优势将产品出口。发展中国家通过与发达国家的产品贸易，增加了企业利润，增加了企业研发资本，并投入到新产品的创新，这一过程提升了发展中国家的技术创新并推动产业结构优化升级。综合以上分析可知，对外直接投资通过贸易路径对产业结构优化的作用机理如图4-1所示。

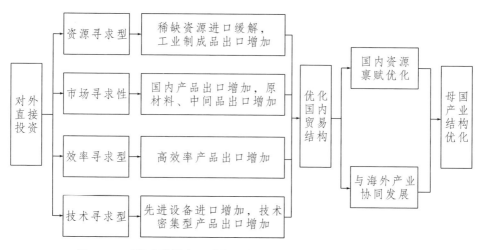

图 4—1　对外直接投资通过贸易路径对产业结构优化的作用机理

（二）技术路径

20 世纪 90 年代，韩国跨国公司在美国进行大规模的并购和研发，获得了大量通信及制造业的尖端技术；日本跨国公司对美国技术研发型产业的投资也促进了日本相关产业的技术进步：这些企业均是为了获得更好的生产条件、更先进的技术、管理和市场营销能力等而向发达国家高端技术产业集聚地投资。学者们对技术寻求型对外直接投资的母国技术效应进行了深入研究，他们认为对发达国家高端技术产业的对外直接投资促进了母国的技术进步。从企业微观层面，叶娇、赵云鹏（2016）认为中国企业的对外直接投资促进了企业全要素生产率的增长，促进了企业的技术水平提高。从国家宏观层面，付海燕（2014）通过对发展中国家和地区的相关数据实证分析发现技术寻求型对外直接投资能显著促进发展中国家的技术进步，以俄罗斯和印度对外直接投资获得的逆向技术溢出作用最显著。李梅（2012）认为中国的对外直接投资对技术进步有明显的区域差异，对外直接投资对技术进步的推动作用在东部地区比中西部地区的作用更为显著。

学者们大量的经验分析和定量分析均得出对外直接投资对技术水平的提升有推动作用的结论。下面将从企业层面、产业层面、国家层面分析对外直接投资对技术水平提升的影响机制。从企业层面来看，跨国公司通过模仿跟踪学习、平台共享、人才流动等渠道获取先进知识、技术和研发成果，然后通过内部化的方式将先进知识、技术和研发成果转移至母公司，母公司通过人员流动、产品流动将获取的技术吸收后再开展自主创新技术，实现企业的逆向技术溢出。从产业层面来看，企业母公司通过对外直接投资获取东道国的先进技术将引发该行业整体技术水平的提升。母公司技术水平的提升提升在两个方面：一方面，对上下游关联企业有示范作用，关联企业将对该公司的先进技术进行模仿、跟踪和学习，同时激励有条件的企业通过对外直接投资寻求更先进的技术；另一方面，对其他公司产生市场竞争力，促使它们积极提高研发能力和技术进步以保持现有的竞争优势。从国家层面来看，一个产业的技术水平提升基于产业间的相互合作，这将刺激相关产业生产模式、销售模式的转变和技术水平的提高。当而其他产业学习或效仿这些改进，并开展对外直接投资，可以促进各产业的技术提升，最终实现国家整体技术水平的提升。基于以上分析，对外直接投资可从企业、产业、国家三个层面促进母国技术水平的提高。

技术水平的提升是产业结构优化的重要动力（黄茂兴，李军军，2009）。技术进步对产业结构升级的影响可以从以下两方面进行分析。一方面是供给方面，产业的技术进步对该产业的生产过程会产生影响，同时使其他产业的生产投入比发生改变，导致整个社会各产业产出发生改变，最终使产业结构得到相应的调整。首先，技术水平提升会改善现有的生产工艺和技术，使该产业的劳动生产率提高，降低生产成本提高市场竞争力，引起高技术、高生产率的产业部门扩张；其次，技术水平提升能提升生产的专业化和社会化程度，促使产业间比重的调整；再次，技术水平提升将提高劳动者的技能和素质，为提高企业效率和产业的优化提供了高素质人才。另一方面是需求方面，需求的变动会直接影响相关产业的要素投入和发展，推动各产业的技术进步，促使产业结构得到优化升级。从国内市场来看，技术进步会带来设备、技术更新，更多劳动力的涌入，这些因素将影响社会在生产过程中的需求和中间投入的配比，促进产品的更新，使得产品科技含量更高、品质更好，相应的市场需求扩大，旧产品、旧工艺会被取代，促进了该产品和产业的升级；技术进步会带来新的产业部门，创造了新的消费需求，刺激了新兴产业的产生发展。从国际市场需求来看，技术进步提高了产品的质量，增强了产品在国际市场的竞争优势，这有利于增加产品的出口，对国内的贸易结构和产业结构会产生影响。由此可见，技术水平的提升与产业结构的优化有着密不可分的关系。综上可知，对外直接投资通过技术路径对产业结构优化的作用机理如图4-2所示。

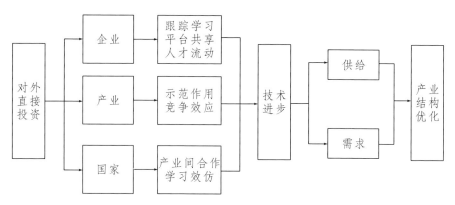

图 4-2　对外直接投资通过技术路径对产业结构优化的作用机理

（三）人力资本路径

传统新古典增长理论和新经济增长理论都认为人力资本对经济增长有重要作用，对外直接投资使跨国公司可在全球范围内实现资源的优化配置，其中包括对产业结构升级具有重要作用的人力资本。跨国公司在东道国聘请高素质管理、销售和研发人员或派出员工与东道国企业、研究机构合作，这促进了子公司人力资本的结构优化，为跨国公司子公司带来了新的研究方向和方法，改变了公司的现有研发模式，使公司对技术、销售、管理等方面都有新的思路。同时，跨国公司通过和母公司经常性的人员流动及沟通学习，一方面能提升母公司职员的业务能力，满足了母公司对高素质人才的需求；另一方面能对其他公司产生人才竞争压力，改变公司的就业人员结构，使各行业对高素质人才需求扩大，从而促进社会劳动力的结构发生改变，这促进了社会人力资本结构的优化。高素质劳动力资源的重新配置必然使人力资本实现结构优化。

因而，人力资本结构优化是提升产业创新和研发能力、产业结构升级的重要保证（黄文正，2011；李敏，张婷婷，雷育胜，2019）。苏杭、郑磊、牟逸飞（2017）认为劳动力投入、人力资本的积累是制造业产业内部升级的重要影响因素，优化人力资本结构是促进制造业产业内部升级的重要任务。人力资本的累积和异质性、人力资本水平的提高对产业结构优化均有推动作用，特别是创新型人力资本对产业结构升级的作用较为明显。人力资本是技术进步的重要支持，是发现新型产业方向和推动产业结构升级的关键因素。人力资本将内含的管理知识、技术知识转化成生产技术，促进了产业结构优化升级。人力资本通过以下几个方面影响产业结构的升级。第一，劳动生产率。劳动者经过教育、培训、学习等途径提升自身的专业知识和技能，以此提高产品的生产率；

当劳动力从劳动生产率较低的农业部门转移至劳动生产率较高的工业部门、从低端产业部门转移至高端产业部门时，整个社会的劳动生产率能得到提升，也促进了产业结构的升级；同时，随着劳动力的素质及技能提高，高素质劳动力的增多有利于技术密集型及高科技产业的发展。第二，技术应用和创新。当人力资本水平较高时，其技术吸收能力较强，技术的溢出效果较好。高素质的劳动力是先进技术在应用过程中发挥相应作用的基础条件，也是技术创新的关键因素，而先进技术的应用和创新都将带来企业竞争力的增强和新产业部门的迅速崛起，来促进产业结构升级。第三，消费结构。高素质的劳动力其收入水平和消费水平较高，当低层次消费需求被满足后，对产品的质量、品质等要求也会随之提高，人力资本结构的高级化引致消费及需求结构升级，最终驱动产业结构升级。由上述分析可知，人力资本结构优化对产业结构优化产生积极的正向促进作用。综上可知，对外直接投资通过人力资本路径对产业结构优化的作用机理如图4-3所示。

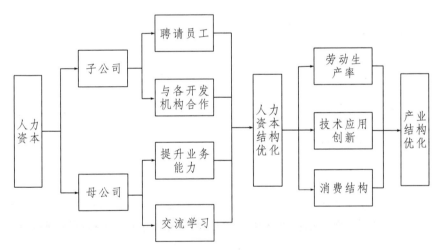

图4-3 对外直接投资通过人力资本路径对产业结构优化的作用机理

（四）资本积累路径

跨国公司通过对外直接投资获得海外盈利，海外盈利的资金会返回母国，这增加了母公司的资本。一方面，母公司可以增加固定资产投资，扩大国内的市场份额。固定资产投资扩大是产业结构升级的直接原因，跨国公司新增的固定资产投资推动着自身的发展、产业加快速度扩张，从而改变了现有的产业结构。另一方面，母公司也可以通过金融市场让资本得到有效配置，使资本市场的规模扩大、融资更加便利，获得金融资本的企业可进行扩大再生产。企业资金运用的结构决定了产出结构，投资于高研发密集度和高生产率行业的金融资本促进了企业的技术进步，使该行业的产出效率提高，对新兴产业和高新技术产业发展产生推动作用。资本通过固定资产投资和扩大再生产方式使产业结构升级。综上可知，对外直接投资通过资本积累路径对产业结构优化的作用机理如图4-4所示。

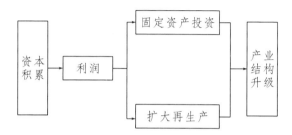

图4-4 对外直接投资通过资本积累路径对产业结构优化的作用机理

三、产业高质量发展的制约因素

现阶段我国现代工业体系已全面建立，成为名副其实的工业大国。但是，在我国产业发展过程中仍存在诸多因素制约着产业高质量的发展，详情如下。

（一）产业结构整体层次不高

我国产业结构整体层次不高主要体现在以下三个方面。第一，服务业占比不高。我国服务业比重增速缓慢且存在服务业的就业占比偏低的情况。以沿海制造业发达地区为例，这些地区由于较早参与国际分工，承接国际制造业的外商直接投资，产业发展形成"制造业偏好"，使得这部分经济发展水平高、人均收入较高的地区服务业比重反而低。第二，第二产业中制造业内部结构不合理，现代制造业比重偏低。过去我国的制造业一直以工业化发展为中心，促使生产资料制造业比重较大，生活资料制造业的比重持续下降，现代制造业比重偏低；基于我国劳动生产力优势，劳动密集型低加工水平制造业较多，高加工水平制造业发展不足。第三，服务业中现代服务业比重偏低，从质到量与发达国家的差距仍较大。我国服务业内部结构呈低端化并且升级缓慢的特征，生产性服务业还处于成长期，发展相对缓慢，发展水平较滞后于经济社会要求，现代服务业占比不足。以交通运输与物流行业为例，我国交通运输、物流市场的规模居世界首位，但市场主体多数规模小、分布散，市场秩序也不够规范。

（二）产能相对过剩

我国从 1998 年至今的半数以上时间产能利用率不高，部分行业产能处于相对过剩状态。产能利用率低是产能过剩的直接表现，主要在钢铁、建材、化工、汽车、家电、建筑装饰行业。此外，产能利用率还存在区域差异，经济发展水平较高的东部、南部地区产能利用率较高，经济发展水平较低的西部地区、东北地区产能利用率较低。产能相对过剩的矛盾在长期经济发展过程中对经济和产业高质量发展存在潜在风险。

（三）技术创新水平不高

在技术方面，中国企业常常是外国先进技术的模仿者而不是研发者，主要通过技术引进和模仿来提升产品的性能，虽然扩大了市场占有份额，但是拥有的关键技术、原创技术不多，产业技术创新水平不高、缺乏超前性，这也是我国是制造业大国而非制造业强国的直接原因。过去的模仿创新虽然投入低、风险低、市场适应性强，但是企业也受到技术出让国的技术控制、技术壁垒等因素的制约，长期处于较被动地位。我国制造业长期依赖技术引进、模仿创新等路径逐渐成为我国产业高质量发展的主要障碍。

四、产业高质量发展路径

产业发展不仅要追求数量和速度，而且要追求质量和效益，为解决上述产业高质量发展的制约因素，产业高质量发展必须依赖于产业结构优化升级和技术创新来实现产业发展的高端化、绿色化、智能化、融合化。

（一）产业结构升级

改革开放以来，我们实现了从计划经济时期单一的产业结构向多元化的产业结构的转变，通过产业结构多元化实现了产业的高速增长。但是，我国产业还未完全实现产业结构的合理化和高级化，产业结构存在低端锁定的风险。同时，产业内部发展也存在着一些问题：高耗能、高污染产业的产能过剩，高附加值、高技术、低污染产业发展不充分，制造业大而不强，现代服务业发展不充分等。

因此，当产业发展进入高质量发展的阶段，产业结构应当优化升级并向中高端结构方向发展。在高质量发展阶段，我国基于产业结构升级实现增长动力转换和产业高质量发展的视角应更加多维和细致。具体而言，不仅包括基于广义产业结构划分的第一、二、三产业，更要重视各细分产业内部转型升级，如传统农业向现代化农业转变、不同要素密集度制造业间的转型升级、制造业与生产性服务业间的耦合、代表居民消费升级的生活性服务业的快速发展。简单追求非农比重增加不应成为高质量发展阶段的重点，同时重视广义层面和狭义层面上的产业结构升级才是实现产业质量提升的关键。具体而言，首先，在产业之间的结构方面，产业结构升级表现为第一产业比重持续下降，第二产业比重先升后降，第三产业比重上升并超过第二产业比重。其次，在各产业内部结构方面，第一产业内表现为由传统农业转向现代化农业；第二产业内表现为制造业结构由劳动密集型占比大逐步转向资本密集型、技术密集型占比较大，生产要素流向高附加值、高技术、低污染产业，培育战略性新兴产业、改造传统制造业，以高端制造和低碳发展为目标实现制造业向全球价值链高端的攀升；第三产业表现为大力发展现代服务业，尤其是由制造业内部分工、深化、延伸的生产性服务业应得到充分发展。

产业结构实现转型升级能从以下几方面推动产业高质量发展。首先，全要素生产率增长、效益增长。全要素生产率增长、效益增长是产业高质量发展的基础和前提，是产业长远发展的基础，是产业高质量发展的"量"的显性指标。产业结构升级意味着第三产业的产值及比重的增加，生产要素流向高附加值、高技术的行业，高新技术产业和新兴产业能得到充分发展，这些必将带来企业的利润增长、收入增加、行业的全要素生产率提高。其次，促进产业绿色化发展。产业结构实现优化升级，生产要素更集中于低污染、高技术的行业，粗放型发展方式得到改善，高耗能、高污染的产业将逐步被淘汰，产业发展带来的生态和环境的压力得到缓解。再次，促进产业高端化发展。产业结构升级表现为产业之间结构，如第三产业的产值占比增加，及产业内部结构技术密集型行业产值占比提高，使产业结构更加合理化、高端化，使高端产业得到充分发展，促进产业向高端化方向发展。最后，促进产业融合化发展。生产性服务业大力发展是产业结构升级的一个重要方面，生产性服务业的发展能更好地服务于制造业，生产性服务业与制造业之间的融合、渗透将进一步加深，产业之间的发展空间也将进一步扩大。

这样，产业才能实现由高速增长发展转向高质量发展，产业结构优化是产业高质量发展的基础。

（二）自主创新能力提升

我国产业高速发展是通过高能耗、高要素投入、粗放型增长来实现的，这种发展方式能获得产业的快速发展，同时也会带来一系列问题。一方面，自主创新能力不强、产品技术含量低，掌握和研发的核心技术较少，对国外技术有一定的依赖；另一方面，粗放式发展易造成环境污染、资源耗损等方面的社会问题，产业发展的可持续性会受到影响。此外，自主创新能力不足也制约了产业结构优化和经济发展。自主研发重要领域的核心技术是产业结构转型升级、培育新增长点的动力。因此，技术创新是产业高质量发展的重要动力。

技术创新可以从以下几个方面推动产业的高质量发展。第一，技术创新能促使生产要素从生产率增速较低的部门转移到生产率增速较高的部门，从高污染、低附加值部门转移到低污染、高附加值的部门，优化生产要素和资源的配置，推进产业发展的绿色化、高端化；第二，技术创新不仅可通过带来的新产品和新工艺加快产业发展速度及更新换代，而且可以通过产业关联形成扩散效应及乘数效应促进产业向多元化、融合化、协同化发展。第三，技术创新能加速新兴产业和高新技术产业的发展，使原有的支柱产业失去优势，使高新技术产业和新兴产业逐渐发展为支柱产业，推进产业发展的智能化。第四，产业自主研发能力增强，掌握核心技术能为产业可持续、高质量发展提供源源不断的动力。因此，产业高质量发展必然体现在自主创新能力提升等方面。

由上述分析可知，产业要实现高质量发展，实现高端化、绿色化、智能化、融合化的发展目标，产业结构升级和技术创新能力的提升是产业发展的重中之重。因此，要讨论中国对外直接投资对产业高质量发展的影响机制，就要讨论我国对外直接投资推进产业结构优化和技术创新的理论机制。

第三节　基于技术创新视角的解析

一、理论基础

在对外直接投资理论背景下，越来越多的研究开始关注对外直接投资对技术创新的影响。笔者分别从发达国家和发展中国家的对外直接投资行为带来的技术创新两个视角进行梳理。

早期学者主要关注拥有较高技术水平的发达国家对低技术水平的发展中国家的资本输出行为。产品生命周期理论认为产品的生命周期可分为创新阶段、成熟阶段、标准化阶段，当产品进入成熟阶段后，国内市场逐渐饱和，跨国公司为获得垄断利润对国际市场展开资本输出，在全球范围进行生产和销售；而当垄断优势消失，跨国公司则扩大对外直接投资将生产转移到生产要素成本较低的发展中国家，并将获得的利润返回母国，投入下一阶段的产品创新阶段，开始研发具有垄断优势，可以带来垄断利润的新产品。劳动密集型产业转移论从劳动力成本角度解释了第二次世界大战后美国等发达国家向发展中国家转移劳动密集型产业的原因，如发达国家基于人口呈现零增长甚至负增长、工资水平提高、劳动力成本上升，向发展中国家以对外直接投资的形式转移劳动密集型产业为发达国家内部的高新技术产业和新兴产业腾出了稀缺资源。边际产业扩张理论指出一国开展对外直接投资选择本国已经或即将处于比较劣势但在投资国仍处于比较优势的产业，边际产业的转移为母国的朝阳产业和新兴产业的技术研发提供了资金保障和资源保障。

对发展中国家对外直接投资的技术创新影响，技术地方化理论指出发展中国家跨国公司向发达国家技术集聚地进行对外直接投资获得的技术溢出不只是模仿先进技术，而是主动吸收、学习并实现技术创新的过程。技术创新产业升级理论认为，发展中国家通过向周边国家及发展中国家的对外直接投资实现资金和技术的积累，通过向发达国家的对外直接投资获取先进技术并进行研发创新实现技术的创新。"LLL"分析框架认为发展中国家的跨国公司在国际化的进程中，虽然初期阶段处于劣势地位，但是通过与技术先进企业的外部联系、杠杆效应、学习效应等，不断学习、吸收获得的无形资产，最终通过自主创新形成自身的竞争优势。

随着我国对外直接投资规模的日益扩大，对外直接投资区域既有发达国家也有发展中国家，国内学者也分别对这两种类型的海外投资行为进行了探讨。我国学者认为中国企业对发达国家的对外直接投资多基于技术寻求动机（隋月红，2010；赵伟，江东，2010），通过研发要素的吸纳、逆向技术溢出、产业关联等方式获得先进技术和经验，从而促进我国技术进步，并通过自主研发实现我国的技术创新。

国内学者讨论我国对发展中国家的对外直接投资多是从边际产业转移、研发成本分摊、研发收益反馈等角度展开。我国学者认为中国对发展中国家的对外直接投资是将比较劣势的产业转移，能为国内具有发展潜力的比较优势产业提供发展空间。也有部分学者以研发成本分摊来解释我国对发展中国家的对外直接投资（赵伟，古广东，何元庆，2006；毛其淋，许家云，2014；陈昊，吴雯，2016；李思慧，于津平，2016），认为中国向发展中国家的资源寻求型及市场寻求型对外直接投资行为为我国提供了研发资金，分摊了我国的研发成本，有利于我国技术的创新。

二、基于技术创新视角解析对外直接投资影响产业高质量发展的路径

基于技术创新视角，中国对外直接投资将提升产业的自主创新能力，最终推动我国产业的高质量发展，即中国对外直接投资→我国技术创新→我国产业发展质量提升。

学者们也展开对外直接投资影响技术创新的机制探索。对外直接投资能促进母国的技术创新，流向发达国家的对外直接投资存在逆向技术溢出效应，并且东道国越发达，逆向技术溢出效应越显著，越有利于本国的技术创新，企业的对外直接投资行为越有利于增加企业的研发投入。

李娟、万璐、唐珮菡（2014）利用省级面板数据实证检验得出对外直接投资的逆向技术溢出能提升我国的创新能力，但在不同区域间存在差异。韩先锋、惠宁、宋文飞（2018）认为我国对外直接投资对技术创新效率有显著的提升作用，但是其作用强度会受到环境规制的门槛效应的影响。在现有研究的基础上，本书总结了中国对外直接投资促进技术创新的影响机制。

（一）逆向技术溢出效应

中国向发达国家对外直接投资是为了最大限度获得先进技术，利用东道国的先进生产要素提升自身研发能力，并返回母国通过示范效应和溢出效应促进母国技术研发能力的提升，主要是通过以下几种方式获得研发资源和技术的溢出。第一，研发资源吸收。跨国公司向发达国家拥有先进技术的某一产业为中心的产业集聚地开展对外直接投资，这消除了发达国家向中国技术转移的距离障碍，使该跨国公司嵌入集聚了该行业最具实力的企业的高新技术集群网络，通过资源共享、模仿学习、人员交流、雇佣高科技人员等方式吸纳研发要素，以获得东道企业的核心技术和研发人员，获得发达国家中该行业发展的前沿技术和知识，掌握世界前沿技术的动态和研发方向。第二，研发资源返回。在吸收研发资源的基础上，跨国公司一方面将获得的新技术和研发资源投入新产品的研发中，增强母公司的自主研发能力，另一方面将新的技术、研发方向等

研发资源反馈回母公司，带动母公司的技术创新。第三，研发人员流动。高素质人才的流动是技术扩散和溢出的重要途径。跨国公司通过向东道国企业的核心研发人员学习交流，或通过与当地科研机构研发中心展开合作，为跨国公司原有的技术研发部门带来新的研发思路和方法，改变了公司现有的研发模式，带给企业在技术研发、管理方式、公司理念等各方面全新的认识，为技术研发创新提供新的思路。

（二）产业关联效应

跨国公司在该产业的经济活动能够通过与东道国供应链伙伴的合作过程，与相关产业互相影响，产生产业关联。企业通过与上下游企业的紧密合作能充分了解产业领先技术的动态和方向，掌握最新信息的渠道，这亦是跨国公司吸纳技术的主要方式之一。企业在先进技术集聚地与东道国供应商、分销商、销售商建立合作关系，共享产品的质量、加工方式、技术指标等要求，这一过程则是企业技术信息的重要来源，在给企业带来大量的相关技术的同时，保障了企业的技术研发和产业需求的一致性。下游客户的产品质量和技术升级将迫使跨国公司加大技术研发以升级产品现有的技术；同时，跨国公司在东道国同类企业的激烈竞争，也对母国的原材料、设备等要素供应部门提出更高的质量要求，迫使母国上游产业增加研发投入发展其产品技术，进而促进母国技术创新能力的提升。

（三）示范－竞争效应

跨国公司投资于东道国该行业的产业集聚地，这里聚集着东道国该产业的高端技术和高素质人才，也可展开与东道国科研机构、高校、公共实验室等机构的合作。跨国公司一方面学习模仿拥有先进技术的领先企业的技术研发方式和方向，另一方面利用空间便利及东道国研发资源、高素质人才、科研机构等资源，最终实现自主研发能力的提升；跨国公司在发达国家和新兴市场进入同类企业的激烈竞争中，为保持企业竞争优势和市场份额，跨国公司必须增加研发创新投入、培养研发人员，增强自主创新能力，提升企业竞争力。跨国公司在全球范围的对外直接投资行为使其置身于国际市场的激烈竞争环境中，并将这种国际竞争传递回母国。一方面，国际市场对产品的品质、更新换代的要求，迫使国内企业技术革新，加大研发力度，提升产品水平；另一方面，跨国公司对母公司的技术转移和溢出使母公司在该行业成为技术领先企业，形成技术外溢，提升整个行业的技术研发水平，但同时也对该行业的其他企业形成巨大的竞争压力，迫使其他企业学习先进技术、培养研发人才、增加研发投入，提升企业技术研发水平，最终使整个行业的技术创新水平得到提升。

（四）资本反馈、成本分摊效应

中国对发展中国家的对外直接投资通过母国的资本反馈促进技术研发，主要体现在以下两方面：一方面是对外直接投资活动会获得稀缺资源或具有价格优势的必要生产资源，能有效地降低生产成本，节约的资金可投入跨国公司的技术研发中；另一方面是跨国公司为扩大国际市场、实现规模经济效应而开展对外直接投资，从而使企业生产成本减少，提高了企业利润，这部分增加的利润可返回母公司用于研发投入。中国对发达国家的对外直接投资可通过研发成本分摊和研发成果反馈两方面影响技术创新。在分摊研发成本方面，一是在发达国家设立子公司，不仅能降低生产成本并形成规模经济，提高企业利润，而且能获得更大的市场，使产品的平均研发成本降低，能分摊母公司的研发成本；二是同东道国研发机构和企业建立合作关系共同研发，分摊母公司的研发成本，为母公司提供更多的资金、技术、人才用于核心技术的研发，提高母公司的技术创新效率；三是利用东道国现有的研发平台，整合研发要素，降低母公司的研发成本。在研发成果反馈方面，跨国公司通过将对发达国家对外直接投资的子公司研发的技术和专利反馈回母公司，促进母国创新能力的提升。在东道国设立的子公司获得的专利数量在母公司专利总数中的比重不断上升，不仅增加企业的技术研发能力，同时增加企业利润，使企业有更丰裕的资金投入研发阶段，这有利于自主创新能力的提升。

（五）边际产业转移效应

中国对发展中国家的对外直接投资有一部分是劳动密集型产业，或在国内处于比较劣势但在东道国处于比较优势的产业。这些边际产业转移至其他发展中国家，释放了被其占用的生产要素、资本要素、人力资本和稀缺的自然资源，这些生产要素从传统产业释放并流向高新技术产业和新兴产业，也为技术研发提供了更为丰裕的相应的研发要素和研发资本。

由上述分析可知，对外直接投资可通过上述机制（如图4-5所示）对技术自主创新的提升产生正向的促进作用。

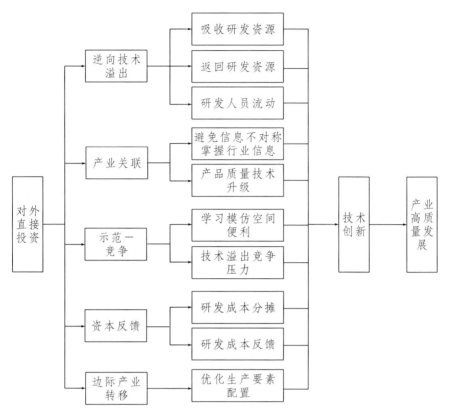

图 4—5　对外直接投资促进技术创新的作用机理

　　自主创新能力是产业结构升级及可持续发展的关键点，是经济发展的源动力，是产业高质量发展的重要指标。但是，对外直接投资的逆向溢出转化为自主创新能力的强弱受到母国消化、吸收能力的影响。母国的技术消化、吸收能力主要表现在技术研发和人力资本两个方面，一国对技术研发的投入规模越大、人力资本水平越高，该国的技术吸收能力就越强。母国对逆向溢出效应的消化吸收能力越强，母国技术创新能力就越强，越有利于母国产业高质量的发展。

第四节　基于企业绩效视角的解析

　　通常情况下，发展中国家对外直接投资可以通过逆向技术溢出、"学习效应"等方式，提高企业的生产效率，推动产业结构优化，实现产业的高质量发展。但是对外直接投资也面临着诸多风险，会制约企业绩效和战略目标的实现。因此，研究对外直接投资对企业绩效的作用机制，具有重要的现实意义。国外相关文献对这一问题进行了探讨，但多是基于各国自身对外直接投资的情况，其研究结论并不完全适用于我国。国内学者多是从宏观视角研究对外直接投资绩效，很少从微观企业绩效角度研究对外直接投资和产业发展质量的关系，也缺乏对对外直接投资与企业绩效之间作用机制的分析。当前，我国经济正处于从高速发展向高质量发展转型的关键时期，对外直接投资在提升自主创新能力、化解产能过剩等方面，将扮演重要角色。在此背景下，从微观视角研究对外直接投资对企业绩效的影响，既可以明确我国对外直接投资的现状，丰富我国对外直接投资与企业绩效之间关系的研究，又能为我国产业高质量发展提供意见参考。

一、理论基础

影响企业绩效的外部因素主要有市场竞争、产权制度、产业组织等。市场竞争对企业绩效具有显著影响，市场竞争越激烈，企业提高效率需付出的努力就越大；战略联盟对企业绩效具有显著的提升作用。而内部因素主要包括企业国际化水平、人力资本、市场利润等。

对外直接投资是跨国公司获取战略资产、寻求自然资源、开发市场、提升技术水平的方式，在全球经济增长动力不足、国际形势瞬息万变的背景下，对外直接投资对企业绩效的影响关系到跨国投资的质量和效率。国内外学者从宏观和微观两个层面对二者的关系进行了研究，由于研究视角、模型构建、数据选择的不同，学者对对外直接投资与企业绩效的关系尚未形成统一结论。从宏观角度看，对外直接投资可以有效促进国内经济结构变化、产业结构调整，加快投资母国的产业升级、提高产业竞争力（Dunning，Lundan，2008；李逢春，2012），且能对母国产生明显的贸易创造效应。从微观角度看，对外直接投资有利于企业提升技术水平、提高生产效率（蒋冠宏，蒋殿春，2014）。但是也有研究发现对外直接投资对企业绩效的影响不显著。从企业收益率来看，中国对外直接投资质量并不高。在投资初期，由于不熟悉东道国政治、经济及社会环境，将产生较大的投资风险，影响跨国公司的企业绩效，这可能会降低企业的利润率。

二、基于企业绩效视角解析对外直接投资影响产业高质量发展的路径

跨国公司对外直接投资动机各不相同，面临的外部环境复杂多样，对外直接投资对企业绩效既有正面影响，同时也存在负面挑战。

（一）规模经济效应

跨国公司开展对外直接投资可以有效利用"两个市场""两种资源"，实现内部、外部规模经济，达到降低生产成本、提高经济效率的目的。资源基础理论认为，企业对外直接投资既能充分利用现有资源，又可拓展外部资源。

从利用现有资源的角度来看，企业积极开展直接投资活动，能够优化资源配置、降低生产成本，实现规模经济。对外直接投资可以使企业自身优势在全球范围内进行优化配置。根据资源基础理论，企业内部独特的优势资源及能力是企业竞争优势，且企业内部总是存在着一些未被充分利用的资源。跨国公司会在具有禀赋优势的区位进行投资，以更为经济合理的方式开展生产活动，降低企业生产成本，实现对要素的有效利用。例如，跨国公司根据自身发展需要，通过对外直接投资将企业自身非关键生产环节转移到国外，将非关键环节标准化的技术转移至较低进入壁垒的东道国，既可带动东道国的经济发展，解决东道国就业问题，同时也扩大了自身市场规模。不同国家、不同产业、不同企业之间进行专业化分工，降低了企业生产成本、提高了生产效率，实现了更低成本的内部规模经济。

从拓展外部资源的角度来看，跨国公司借助东道国的产业规模经济，降低了企业自身生产成本，实现了企业的外部规模经济。发达国家部分区域相关产业较为集中，发展中国家跨国公司会利用这些地区的信息技术、产品营销等方面的优势，更新技术知识，降低生产成本，实现外部规模经济。其次，跨国公司的竞争离不开人力资本的竞争，跨国公司在人力资本密集的地区进行生产经营活动，可以吸引世界各地的优秀人才，打造属于自己的人才梯队，同时在企业内部加强对现有员工培训，实现人力资本的规模经济。

（二）逆向技术溢出效应

逆向技术溢出与传统跨国公司理论中技术溢出效应方向相反，多发生在发展中国家向发达国家进行直接投资的活动中。跨国公司在东道国设立研发机

构，可以有效利用发达国家充裕的人力资源、技术成果、研发资本等条件开展研发活动；或与技术先进的企业开展合作以形成战略联盟。借助示范效应、产业关联效应和人员流动效应等方式吸收、学习东道国技术溢出，不断提升自身自主创新能力，提高企业绩效。

跨国公司能够更快速地跟踪到东道国前沿信息、技术发展现状，据此形成示范效应。企业在国外进行直接投资活动时，将同上下游企业开展合作，从而有更多的机会向关联企业模仿和学习先进技术。跨国公司通过招聘东道国具有丰富管理经验、高级技术知识的相关人员，促进人力资本在东道国企业与跨国公司之间流动，产生技术溢出。子公司在海外获得的知识在公司内部进行传递，还将通过反馈机制传递到母公司，提高跨国公司整体技术研发效率；高水平人力资本能够增强企业吸收、模仿和创新的能力，从而提高企业自身创新绩效。有学者对对外直接投资逆向技术溢出效应进行了研究，对外直接投资可产生逆向技术溢出，对投资母国的全要素生产率有一定的积极影响，同时对外直接投资逆向技术溢出效应存在地区差异。综上，对外直接投资具有逆向技术溢出效应，跨国公司可利用发达国家优质资源的聚集效应提高研发效率，提升企业绩效，最终促进母国相关产业发展。

（三）品牌价值提升效应

品牌价值提升能够有效促进企业绩效提高，而跨国公司通过企业并购、与东道国企业进行品牌联合等方式，拓展海外市场，可以快速提高品牌知名度，培育顾客忠诚度；同时，企业倾向于选择市场制度相对完善的东道国开展投资活动，以保护和培育自主品牌，促进企业绩效提升。

通常来讲，发达国家跨国公司依靠自身品牌知名度及较强的营销能力，占据价值链高附加值环节，同时带来发展中国家企业价值链环节的"低端锁定"。而对外直接投资通过收购成熟品牌及相关营销渠道，不断向价值链纵深拓展，逐渐扩展企业自身品牌的国际市场。因此，当企业品牌价值提升在短期内遇到瓶颈时，发展中国家跨国公司可以通过对外直接投资的方式与东道国企业进行品牌联合，提高企业自身品牌知名度和顾客忠诚度。另外，在制度体系较为完善的国家开展对外直接投资活动，也可以使企业自身品牌资产得到更好地保护。东道国完善的知识产权保护体系和市场制度给企业品牌建设和培育提供良好的外部保障，从而使企业相关权益得到保护，企业效益得以提高。

品牌价值来源于品牌认知和品牌联想。对外直接投资则降低东道国消费者对国外品牌的排斥感，提高企业品牌认知度。企业通过对外直接投资，近距离接触当地消费者，可以更加高效地了解消费者的消费习惯、消费理念等，并与国外企业建立良好关系，使国外竞争对手、顾客等利益相关者能够以友好的态度增加对自身的认识和了解，逐渐培育顾客品牌的忠诚度，提升企业的品牌价值，促进企业绩效健康及产业的可持续发展。

（四）对外直接投资风险

由于不熟悉国际环境、信息不对称等原因，对外直接投资常常面临着来自不同国家和地区的政治、经济、社会风险，这些风险通过不同方式，阻碍企业绩效目标的实现，这会给企业带来巨大损失。

对外直接投资政治风险主要来自国际政治力量、政治事件，遭受这些风险的跨国公司可能无法正常经营，并导致企业投资活动的失败，给企业绩效带来严重损失。目前，国际政治环境比较复杂，企业对外直接投资面临着国际政治力量的干预、政府违约和政策变动、民族主义等不确定因素。由于这些因素不能提前准确预测和有效控制，跨国公司在面临这些风险时，往往会产生巨大损失，严重影响企业绩效。

对外直接投资经济风险会受到东道国经济发展水平、信用水平、汇率和利率波动等因素的影响，这会给对外直接投资企业生产经营带来的不利影响。例如，各国经济基础不同，有的国家经济发展水平较低，巨大的经济差异可能会使两国经济合作丧失平等的基础，不利于跨国公司的健康发展。另外，在当前国际经济复苏的背景下，部分经济实力薄弱的地区产业结构不合理、贸易结构失衡等问题较为突出，跨国公司由于信息不对称等因素缺乏对东道国的了解，从而容易面临债务违约风险，给企业绩效带来负面影响。

当东道国法律体系不完善时，比如知识产权、品牌等领域的制度体系存在缺陷，对外直接投资企业科技成果往往不能得到有效保护，从长远来看，也阻碍着企业技术创新的积极性，这不利于企业绩效提升。另外，由于地域差异、宗教及文化不同，文化距离过大会抑制跨国公司的经营绩效。跨国公司如果缺乏本土化意识，则很容易增加企业对外直接投资成本，给自身经营绩效提出严峻挑战。

然而，当经过长期的合作及跨国公司通过对外直接投资的滞后作用影响，跨国公司对外直接投资经验的增加，对东道国的政治环境、经济制度、文化背景、风俗习惯等方面有更深入地了解，对外直接投资风险将进一步降低，跨国公司企业绩效将会得到进一步提高。

第五节　本章小结

本章主要研究对外直接投资影响产业高质量发展的理论机制。鉴于现阶段经济高质量发展和产业可持续发展的要求，对产业高质量发展的内涵、目标、动力做出基本界定。本书中认为产业高质量发展是促进产业发展向高附加值、低能耗、低污染、全球价值链中高端产业转变，根本动力是产业结构升级和技术创新，目标是实现产业的高端化、绿色化、智能化、融合化。从中观层面看，产业结构升级和技术自主创新能力提升是走出产业发展瓶颈期的有效路径，也是产业实现高质量发展的标志。从微观层面看，企业绩效提升也是衡量产业实现高质量发展的重要指标。

鉴于产业结构升级、技术创新能力提高及企业绩效提升是产业高质量发展的动力及标志，为探讨中国对外直接投资对产业高质量发展的理论机制，本章展开了关于中国对外直接投资对产业结构升级、技术自主创新及绩效提升影响的理论机制的讨论。

首先，本章构建了对外直接投资促进产业结构升级的理论机制。研究表明：第一，不同动机的对外直接投资对进出口产生影响，优化了国内贸易结构，通过优化国内资源禀赋和与国际产业的协同发展，促进了母国的产业结构升级。第二，跨国公司通过跟踪学习、平台共享、人力流动促进企业的技术进步，并通过示范竞争效应推动产业内的技术进步，进而通过产业间的合作实现国内的技术进步；技术进步会对供给端和需求端产生影响，并最终推动产业结构升级。第三，企业对外直接投资推动母公司和子公司的人力资本结构优化，并通过劳动生产率、技术应用和创新、消费结构等途径推进产业结构优化。第四，企业对外直接投资增加了企业利润，提高了资本积累，通过母公司固定资产投资和其他公司的融资行为进行的扩大再生产两方面影响企业发展，进而推进产业结构升级。

其次，本章构建了对外直接投资促进技术自主创新的理论机制。研究表明：第一，对外直接投资存在逆向技术溢出效应，通过吸收研发资源、返回研发资源、研发人员流动等方式促进技术创新。第二，对外直接投资可通过上下游关联效应促进技术创新能力提升。第三，对外直接投资对东道国和母国企业产生示范竞争效应，为保持企业竞争力，企业必然提升其技术创新能力。第四，跨国公司通过研发成本分摊、资本反馈路径为技术创新提供资金保障。第五，对发展中国家的对外直接投资能转移国内边际产业，优化国内生产要素配置，为技术创新腾出更多的资本、生产要素、研发要素。

最后，本章构建了对外直接投资效应企业绩效的理论机制。研究表明：第一，跨国公司开展对外直接投资能有效利用"两个市场""两种资源"实现企业内部及外部规模经济，从而降低经营成本，提高企业利润。第二，跨国公司通过逆向技术溢出效应，实现技术研发效率的提升。第三，通过对外直接投资，实现品牌联合，提高品牌知名度，提高企业绩效。第四，对外直接投资具有一定的滞后性，持续对外直接投资能够增强企业对东道国政治、经济、文化等方面的深入了解，加强国家间合作，降低对外直接投资的风险，提高企业绩效。

技术创新和产业结构升级是产业高质量发展的动力，企业绩效是产业高质量发展的微观指标，在上述理论机制分析中，中国对外直接投资能推动技术创新、产业结构升级、企业绩效提升，也即中国对外直接投资对产业高质量的发展有正向促进作用。

第五章 对外直接投资影响国内产业结构的实证分析

第四章从理论上分析了对外直接投资对产业高质量发展的影响机制，而产业高质量发展不仅是产业之间结构的优化升级，更体现在产业内低技术、低附加值向高技术、高附加值的转变以及产业自主研发能力的提升。产业高质量发展表现在国民经济的主导产业从以第一产业为主转为以第二产业为主，最终转为以第三产业为主，由劳动密集型向技术密集型、资本密集型转变，提升国内技术创新水平。因此，本章的核心目的是基于产业结构视角，通过对我国省级面板数据的分析，研究对外直接投资对产业结构调整的影响，并考虑对外直接投资对母国产业的滞后效应的影响，从宏观视角分析对外直接投资对产业结构调整的传导路径及持续性；同时从动态视角实证检验对外直接投资是否对产业结构变动速率有影响。

第一节 对外直接投资影响国内产业之间结构升级的实证分析

本节将基于钱纳里的"标准结构模型"构建模型，实证检验对外直接投资对产业之间结构升级的影响及地区间存在的差异，分析对外直接投资的溢出效应和滞后效应影响产业之间结构升级的传导路径，并实证分析对外直接投资与产业之间结构变动的动态关系，即对外直接投资规模扩大对产业结构变动效率的影响。现有国内学者对产业间结构升级的指标选取及测算方法有以下几种。

其一，结合我国工业化中后期的特点，第二、三产业产值增加，第三产业崛起且增长率快于第二产业，一部分学者采用产业结构层次系数来度量地区的整体产业结构变化趋势，计算方法是第三产业产值除以第二产业产值。产业结构层次系数与地区产业结构高级化水平呈正相关，即产业结构层次系数越高，产业结构高级化水平越高（赵伟，江东，2010；靖学青，2005；欧阳艳艳，刘丽，陈艳伊，2016；陈琳，朱明瑞，2015）。

其二，根据产业结构升级的特点是在三大产业在国民经济中占比的动态变化过程中，第三产业产值所占权重增加，也有学者为三大产业赋予不同的权重，对相应的产值比加权后作为产业结构层次系数（徐德云，2008；杨建清，周志林，2013）。

其三，产业结构升级的本质是劳动生产效率的提升，基于专业化分工既可以提升劳动生产率，也可以促进产业结构的升级，选用各产业的劳动生产率和产业增加值占 GDP 比重的乘积衡量产业结构升级水平，能直接反映产业间的相对权重及发展水平（李逢春，2012；杨超，林建勇，2018；李卿，2018；王丽，张岩，2016）。

研究中常采用关于产业结构升级的测算方法，主要有三次产业加权法以及基于泰尔指数构造的产业结构合理化指数。由于产业结构升级的特征是第三产业增长相对值快于第二产业增长相对值及第三产业绝对值上升，所以，本书以第二、三产业产值比和第三产业占国民生产总值比的加权平均作为产业结构升级的衡量指标，如式（5-1）：

$$Ti = \delta V_3/V_2 + (1-\delta)V_3/V_T \qquad (5-1)$$

式中，Ti 代表产业结构升级指数；V_2、V_3、V_T 分别代表一国的第二产业产值、第三产业产值、国民生产总值。Ti 值越大，则一国的产业结构水平越高。δ 代表权重，这里取 0.5，以反映代表第三产业增长相对值的 V_3/V_2 和代表增长绝对值的 V_3/V_T 在体现产业结构升级过程中重要性相同。

通过数据计算得到 2003—2017 年各省份产业结构升级指数均值（见表 5-1）。由表 5-1 可知，北京、上海、天津、浙江、江苏这五个省份 2003—2017 年产业结构升级指数的均值较高，即这 15 年间产业结构层次平均水平一直较高，而中西部地区例如河南、海南、江西等省份产业结构升级指数则略低。中国对外直接投资与产业结构升级指数变化趋势如图 5-1 所示，由图可知我国对外直接投资规模和产业结构升级均呈现上升趋势，变动方向基本一致。

表 5-1　2003—2017 年各省份产业结构升级指数均值

省份	产业结构升级指数均值	省份	产业结构升级指数均值
北京	2.7257	河南	2.1812
天津	2.4258	湖北	2.2634
河北	2.2131	湖南	2.2730

续表

省份	产业结构升级指数均值	省份	产业结构升级指数均值
山西	2.3154	广东	2.3887
内蒙古	2.2494	广西	2.2042
辽宁	2.3043	海南	2.2124
吉林	2.2355	重庆	2.3275
黑龙江	2.2305	四川	2.2361
上海	2.5620	贵州	2.2802
江苏	2.3322	云南	2.2476
浙江	2.3751	陕西	2.2717
安徽	2.2252	甘肃	2.2727
福建	2.2950	青海	2.2781
江西	2.2129	宁夏	2.3097
山东	2.2743	新疆	2.2053

数据来源：笔者根据 2004—2018 年《中国统计年鉴》计算所得。国家统计局. 2019 年中国统计年鉴〔M〕. 北京：中国统计出版社，2019.

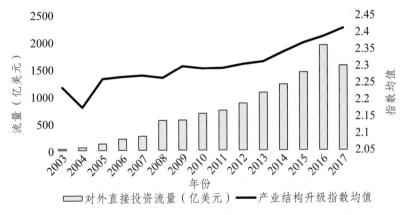

图 5-1 2003—2017 年中国对外直接投资与产业结构升级指数变化趋势

数据来源：产业结构升级指数由笔者根据 2004—2018 年《中国统计年鉴》计算所得，对外直接投资流量数据来自《2018 年度中国对外直接投资统计公报》。

一、我国对外直接投资影响产业之间结构升级的静态实证分析

（一）模型的建立

学术界公认衡量产业结构升级的数据模型有 Kuznets 模型、钱纳里的"标准结构模型"、"钱纳里－赛尔坤模型"。结合中国产业结构发展的实际情况，本书试图从宏观变量视角分析对外直接投资对产业结构升级的影响，在借鉴现有文献和实证模型的基础之上，对钱纳里的"标准结构模型"进行了调整。

钱纳里的"标准结构模型"是衡量某个国家或地区经济增长质量的重要参照标准，对经济增长过程中产业结构调整有较好的解释作用，模型如下：

$$X = \alpha + \beta_1 \ln AGDP + \beta_2 \ln^2 AGDP + \gamma^2 \ln N + \gamma^2 \ln^2 N + \sum \delta_i T_i + \varepsilon F$$

$$(5-2)$$

式中，X 表示国家经济结构的某个方面，如产业结构；$AGDP$ 表示国家或地区的人均国民（地区）生产总值；N 表示国家（地区）人口数量；T 表示时间趋势；F 表示国家的资源及生产要素，例如投资、储蓄、进出口等的流动。本节研究的核心内容是我国对外直接投资影响产业结构的调整及其路径，因此，选用产业结构水平反映国家或地区的经济结构为被解释变量；模型中 F 变量显示的生产要素对产业结构的影响，以对外直接投资为解释变量反映资本流动替换原模型中的 F 变量；同时鉴于理论分析选取宏观经济变量贸易、技术、固定资产投资、人力资本引入原模型作为控制变量；由于选取数据时间跨度小，故忽略时间因素 T（卜伟、易倩，2015）。最后，构建本书回归模型如下：

$$lnTi_{it} = \alpha + \beta_1 lnofdi_{it} + \beta_2 lnagdp_{it} + \beta_3 lntr_{it} + \beta_4 lntech_{it} + \beta_5 lnkd_{it} + \beta_6 lnla_{it} + \lambda_i + \mu_i + \varepsilon_{it}$$

$$(5-3)$$

式中，i 表示省份，t 表示年份，μ 表示时间固定效应，λ 表示不随时间变化的地区固定效应，ε 表示随机误差项。$lnTi_{it}$ 为产业结构升级指数，$lnofdi_{it}$ 为对外直接投资指数，$lnagdp_{it}$ 为经济发展水平指数，$lntech_{it}$ 为技术水平指数，$lntr_{it}$ 为贸易水平指数，$lnkd_{it}$ 为固定资产投资指数，$lnla_{it}$ 为人力资本指数。

（二）数据来源及变量说明

本书的数据来源于 2003—2017 年三十个省（自治区、直辖市）相关数据，并进行了实证检验。根据地区经济发展水平，将全国划分为东、中、西部地

区，其中东部地区包括：北京、天津、河北、上海、江苏、浙江、福建、山东、广东和海南。中部地区包括：山西、安徽、江西、河南、湖北、湖南。西部地区包括：内蒙古、广西、四川、重庆、贵州、云南、陕西、甘肃、青海、宁夏、新疆。

1. $lnTi_{it}$ 为产业结构升级指数

$$lnTi_{it} = \ln Ti_{it}$$

式中，Ti_{it} 为 i 省份第 t 年的产业结构升级指数。

2. $lnofdi_{it}$ 为对外直接投资指数

$$lnofdi_{it} = \ln ofdi_{it}$$

式中，$ofdi_{it}$ 表示 i 省份第 t 年的对外直接投资。本书借鉴贾妮莎等（2014）使用对外直接投资流量数据，按对应年份的平均汇率将美元换算成人民币，并用 GDP 价格指数平减。

3. $lnagdp_{it}$ 经济发展水平指数

$$lnagdp_{it} = \ln agdp_{it}$$

式中，$agdp_{it}$ 表示 i 省份第 t 年的经济发展水平。常选用地区生产总值表示经济发展水平，本书使用各省份人均地区生产总值来表示，但由于《中国统计年鉴》没有直接给出人均地区生产总值，因此本书使用各省份地区生产总值与总人数的比值表示人均地区生产总值，并用 GDP 价格指数平减。

4. $lntech_{it}$ 为技术水平指数

$$lntech_{it} = \ln tech_{it}$$

式中，$tech_{it}$ 表示 i 省份第 t 年的技术水平，使用各省份技术市场成交额来表示并用 GDP 价格指数平减。

5. $lntr_{it}$ 为贸易水平指数

$$lntr_{it} = \ln tr_{it}$$

式中，tr_{it} 表示 i 省份第 t 年的贸易额，使用各省份进出口额，按对应年份的平均汇率将美元换算成人民币，并用 GDP 价格指数平减。

6. $lnkd_{it}$ 为固定资产投资指数

$$lnkd_{it} = \ln kd_{it}$$

式中，kd_{it} 表示 i 省份第 t 年的固定资产投资总额。叶娇、赵云鹏（2018）选用固定资产投资存量表示，本书使用各省固定资产投资额表示，用固定资产价格指数平减。固定资产投资随着我国经济发展方式发生转变，先进技术设备的固定资产投资额增加，从而促进地区产业结构升级。

7. $lnla_{it}$ 为人力资本指数

$$lnla_{it} = \ln la_{it}$$

式中，la_{it} 表示 i 省份第 t 年的人力资本。为考察人力资本，尹东东、张建清（2016）选取人均受教育年限来表示，本书选取各省份劳动力结构指标对其进行表示，高素质人才是发展高新技术产业和战略新兴产业的必要条件，选取大专及以上学历就业人口比重代表劳动力结构。

变量描述性统计结果见表 5-2。

表 5-2　变量描述性统计结果

变量	样本数	均值	标准差	最小值	最大值
Ti	450.000	0.733	0.404	0.351	3.446
$lnTi$	450.000	−0.401	0.382	−1.046	1.237
$lnofdi$	450.000	11.662	2.404	1.451	16.583
$lnagdp$	450.000	10.107	0.946	1.178	11.749
$lntr$	450.000	16.649	1.808	1.656	20.322
$lntech$	450.000	12.853	1.791	7.506	17.600
$lnkd$	450.000	17.875	1.130	14.734	20.104
$lnla$	450.000	2.384	0.595	0.723	4.023

数据来源：表中数据由笔者计算所得。

（三）实证结果的分析

根据前面的理论分析和相关数据，本书利用 Stata 软件对计量模型进行了回归和检验。

1. 全样本及分地区固定效应模型回归结果分析

在使用固定效应模型（Fixed Effects Model，FE）进行回归分析之前，对模型进行 Hausman 检验，以确定使用随机效应模型还是固定效应模型。Hausman 检验结果显示在 1% 的显著水平，因此不选择随机效应模型，故选择固定效应模型作为回归结果。

就全国样本数据来看，对外直接投资与产业结构升级有正相关关系，并在 1% 的显著性水平上通过了显著性检验，即对外直接投资变动 1%，产业结构升级指数就增加 0.0247%，但跟其他因素相比系数较小，造成此现象的原因可能是近年来我国对外直接投资虽然规模大但是起步晚，整体与我国全球经济地位和国内经济发展规模不匹配，增长速度快但投资结构和投资区位仍存在不合理之处，抑制了对外直接投资对产业结构升级的影响。从控制变量来看，固定资产和贸易变量通过了5%的显著性检验但符号为负，其可能的原因是我国固定资产扩大更多的是简单地扩大再生产，忽略了侧重于高技术产业的投资，出口量增大但仍以初级产品和低技术含量的制造业产品为主，对产业结构升级作用不大。人力资本和技术水平变量符号为正且在1%的显著性水平上通过了显著性检验，表明科学技术水平的提高和高素质人才增加能有效促进产业结构的升级。就地区样本数据来分析，我国东部地区和中西部地区对外直接投资对产业结构升级的作用有明显差异。东部地区对外直接投资与产业结构升级呈正相关关系，且对外直接投资变动1%，产业结构升级指数增加0.0272%，高于全国水平，表明东部地区对外直接投资推动产业结构升级正向作用更明显。而中西部地区对外直接投资与产业结构升级呈负相关关系，这种现象产生的原因可能是东部地区对外直接投资规模大、起步早，海外扩张经验丰富，经济和技术水平高，产业关联度高，而中西部地区对外直接投资规模小，技术水平不高，企业对外直接投资导致资金外流，反而不利于当地产业发展（见表5—3）。

表5—3　固定效应模型估计结果

变量	全国	东部	中西部
$lnofdi$	0.0247***	0.0272***	−0.0097
	(2.6500)	(2.9500)	(−0.7100)
$lnagdp$	0.0596	0.0314	−0.0199
	(1.2100)	(0.8100)	(−0.3200)
$lntr$	−0.0727**	−0.0546**	−0.0133
	(−2.5000)	(−2.4300)	(−0.3500)
$lntech$	0.0602***	0.0635***	0.0397*
	(3.8500)	(4.4500)	(1.8700)
$lnkd$	−0.0612**	−0.0671***	0.0564
	(−2.1900)	(−2.6100)	(1.3900)
$lnla$	0.2010***	0.2100***	0.1510***
	(5.3200)	(5.8400)	(2.8400)
$\_cons$	−0.2400	−0.2400	−1.8060***
	(−0.5800)	(−0.6500)	(−3.1600)
R	0.3660	0.6875	0.2790

变量	全国	东部	中西部
Hausman 检验	16.0790	38.0510	11.9340
	(0.0100)	(0.0000)	(0.0600)
F 统计值	44.0300	25.5800	15.5000

注：* 表示 $p<0.10$，** 表示 $p<0.05$，*** 表示 $p<0.01$，括号内为各估计量的稳健标准误。

数据来源：表中数据由笔者计算所得。

2. 内生性检验

已有文献研究表明经济发展水平的提高能促进产业结构升级，而产业结构的升级能提高人均产出，提高经济发展水平。对外直接投资通过寻求技术、资源、市场能促进产业结构升级，反过来母国产业结构的调整又提高了企业的核心竞争力，这有利于企业扩大海外投资。鉴于对外直接投资、经济发展水平与产业结构的相互作用关系，考虑回归方程（5-3）存在内生性问题。本书对式（5-3）进行了 Hausman 检验，检验结果 p 值为 0.0007，则认为在 1% 的显著水平上拒绝所有解释变量外生的原假定，综合分析认为对外直接投资、经济发展水平变量为式（5-2）中的内生解释变量。本书选取有效的工具变量来替代内生变量，即选择滞后一期的解释变量作为解释变量的工具变量。选取对外直接投资的一阶及二阶滞后、经济发展水平的一阶滞后作为其工具变量，引入工具变量的回归模型表示为：

$$lnTi_{it} = \alpha + \beta_1 lnofdi_{it-1} + \beta_2 lnofdi_{it-2} + \beta_3 lnagdp_{it-1} + \beta_4 lntr_{it} +$$
$$\beta_5 lntech_{it} + \beta_6 lnkd_{it} + \beta_7 lnla_{it} + \lambda_i + \mu_t + \varepsilon_{it} \quad\quad (5-4)$$

本书先使用两阶段最小二乘（Two Stage Least Square，2SLS）对式（5-4）进行回归分析，为检验工具变量的有效性，对工具变量进行了不可识别检验和过度识别检验。不可识别检验的 Anderson LM 统计量的 p 值为 0.0000，拒绝不可识别的原假设；过度识别检验结果为 $\chi^2(1) = 0.088$，对应的 p 值 0.766，不能拒绝工具变量为外生的原假设；综合检验结果可知所选取的工具变量为有效的工具变量。为解决不同省份的特征差异性不一定满足样本中的个体扰动项独立同分布的这一前提，本书进一步进行广义矩估计模型（Generalized Method of Moments，GMM）回归，相较于 2SLS 回归对异方差的处理，其结果更加稳健。由表 5-3 中 GMM 回归结果可知，解释变量系数估计值的显著水平、符号及系数一致，这说明样本中即使存在异方差，回归结果依然稳健。

由使用面板工具变量法所得回归结果可知,对外直接投资对产业结构升级仍有明显的促进作用,在5%的显著性水平上通过了显著性检验,且系数为0.0804%,即对外直接投资变动1%,产业结构升级指数变化0.0804%,对外直接投资促进产业结构升级(见表5—4)。其他变量的符号和显著性与表5—1回归结果相同,表明中国对外直接投资能促进产业结构升级的结论是稳健的。

表5—4 内生性检验结果

变量	2SLS	GMM
$lnofdi$	0.0804**	0.0804**
	(2.5300)	(2.5500)
$lnagdp$	0.0623	0.0623
	(0.7800)	(0.7800)
$lntr$	−0.2300***	−0.2300***
	(−5.9900)	(−6.0400)
$lntech$	0.05880***	0.05880***
	(3.1700)	(3.2000)
$lnkd$	−0.1000*	−0.1000*
	(−1.8800)	(−1.8900)
$lnla$	0.2330***	0.2330***
	(5.0200)	(5.0600)
$\_cons$	2.3500***	—
	(2.5800)	—
Sargan test	0.7664	0.7815
F 统计值	2578.0800	40.7600

注:* 表示 $p<0.10$,** 表示 $p<0.05$,*** 表示 $p<0.01$,括号内为统计量。

数据来源:表中数据由笔者计算所得。

3. 对外直接投资溢出效应和滞后效应对产业结构传导途径的检验

由理论分析可知,对外直接投资溢出效应对产业结构的传导途径为贸易、技术、人力资本、资本积累,构建加入对外直接投资与以上变量交互项的固定效应模型回归方程如下:

$$lnTi_{it} = \alpha + \beta_1 lnofdi_{it} + \beta_2 lnagdp_{it} + \beta_3 lntr_{it} + \beta_4 lntech_{it} +$$
$$\beta_5 lnkd_{it} + \beta_6 lnla_{it} + \beta_7 lnofdi_{it}lntr_{it} + \lambda_i + \mu_t + \varepsilon_{it} \quad (5-5)$$

$$ln\,Ti_{it} = \alpha + \beta_1 ln\,ofdi_{it} + \beta_2 ln\,agdp_{it} + \beta_3 ln\,tr_{it} + \beta_4 ln\,tech_{it} +$$
$$\beta_5 ln\,kd_{it} + \beta_6 ln\,la_{it} + \beta_7 ln\,ofdi_{it}ln\,tech_{it} + \lambda_i + \mu_t + \varepsilon_{it} \quad (5-6)$$

$$ln\,Ti_{it} = \alpha + \beta_1 ln\,ofdi_{it} + \beta_2 ln\,agdp_{it} + \beta_3 ln\,tr_{it} + \beta_4 ln\,tech_{it} +$$
$$\beta_5 ln\,kd_{it} + \beta_6 ln\,la_{it} + \beta_7 ln\,ofdi_{it}ln\,kd_{it} + \lambda_i + \mu_t + \varepsilon_{it} \quad (5-7)$$

$$ln\,Ti_{it} = \alpha + \beta_1 ln\,ofdi_{it} + \beta_2 ln\,agdp_{it} + \beta_3 ln\,tr_{it} + \beta_4 ln\,tech_{it} +$$
$$\beta_5 ln\,kd_{it} + \beta_6 ln\,la_{it} + \beta_7 ln\,ofdi_{it}ln\,la_{it} + \lambda_i + \mu_t + \varepsilon_{it} \quad (5-8)$$

式中，$lnofdi_{it}lntr_{it} = \mathrm{ln}ofdi_{it} \times \mathrm{ln}tr_{it}$，$lnofdi_{it}lntech_{it} = \mathrm{ln}ofdi_{it} \times \mathrm{ln}tech_{it}$，$lnofdi_{it}lnkd_{it} = \mathrm{ln}ofdi_{it} \times \mathrm{ln}kd_{it}$，$lnofdi_{it}lnla_{it} = \mathrm{ln}ofdi_{it} \times \mathrm{ln}la_{it}$。

企业进行对外直接投资，筹备投资资本、确定投资区域、选择投资模式、跨国公司设立子公司等需要一定时间，子公司与东道国政府、市场、企业磨合及竞争获得利润并将人才、资本、技术、资源等输送回母国也需要时间，所以对外直接投资对产业结构的调整有一定的滞后性。所以本书同时考虑对外直接投资的滞后效应，分析对外直接投资滞后一期的溢出效应对产业结构的传导途径。

为探讨对外直接投资及滞后项对产业结构的传导路径，可通过对外直接投资及其一阶滞后项与贸易、技术、人力资本、资本积累的交互项之间的关系来分析。表5-5中（1）（2）列是回归方程（5-5）及对外直接投资一阶滞后项与贸易的交互项的回归结果。对外直接投资当期与贸易的交互项 $lnofdilntr$ 及滞后一期与贸易的交互项 $lnofdi1lntr$ 符号均为正且在1%的显著性水平上通过显著性检验，表明当期及滞后一期对外直接投资通过贸易路径对产业结构变动有正向促进作用。$lnofdilntr$ 的系数为0.0060，表明当期对外直接投资通过贸易路径产生的变动为1%，产业结构升级指数变动0.0060%。$lnofdi1lntr$ 的系数为0.0134，表明滞后一期对外直接投资通过贸易路径产生的变动为1%时，产业结构指数变动0.0134%。资源寻求型对外直接投资获得依赖进口的稀缺资源返还回母国，促进了该产业的结构升级；市场寻求型对外直接投资在获得市场后通过从母国进口原材料和中间品，企业会提高生产技术适应出口新市场的需要，带动产业发展；技术寻求型对外直接投资进口先进设备，提高生产率和生产技术，促进了产业技术水平的提高。同时发现，$lnofdi1lntr$ 的系数大于 $lnofdilntr$ 的系数，产生这种情况的原因可能是通过进口的资源、设备投放到生产中以及根据市场调整生产都需要一定时间，滞后一期的对外直接投资通过贸易路径对产业结构升级影响反而大于当期。

表5-5中（1）（3）（5）（7）列是式（5-6）（5-7）（5-8）的对外直接投资对产业结构升级的固定效应模型估计结果，表5-5中（2）（4）（6）（8）列是滞后一期对外直接投资与技术、固定资产、人力资本交互项对产业结构升级指数的回归结果。由表可知，当期及滞后期交互项系数均为正数，即对外直接投资可以通过技术路径、资本积累路径、人力资本路径来促进产业结构升级，且对外直接投资对产业结构升级的滞后效应依然可以通过以上途径来实现。变量交互项当期和滞后期的系数相差甚微，表明对外直接投资虽然对产业结构升级有滞后效应，但通过以上路径产生的积极作用并未受到影响。企业对外直接投资通过逆向技术溢出和自主创新带来本企业技术进步，促进行业内和行业间的竞争并改进技术，进而促进产业整体的技术进步。对外直接投资的资本积累途径是将获得资本反馈回母国，通过金融市场或固定资产投资等方式扩大生产规模优化产业结构。对外直接投资人力资本路径通过母公司与子公司的技术人才流动及子公司高素质管理人才的增加，改变企业人力资本结构，同时会刺激行业对高素质人才的需求，产业的人力资本结构得到提升，进而推动产业结构的进步。同时，$lnofdilnla$、$lnofdi1lnla$ 人力资本路径的系数比资本积累路径和技术路径的系数大，对外直接投资通过人力资本路径、高素质人才的传导，比逆向技术溢出和资本反馈等方式能带来更大更直接的产业结构升级效应。

由表5-5的实证结果可知中国对外直接投资能促进产业结构升级且有滞后效应，并可通过贸易、技术、人力资本、资本积累路径来实现正向的促进作用。

表5-5 对外直接投资及滞后项对产业结构的传导路径

变量	（1）	（2）	（3）	（4）	（5）	（6）	（7）	（8）
lnofdi	−0.0736**	—	−0.1020***	—	−0.2140***	—	−0.0891***	—
	(0.0360)	—	(0.0273)	—	(0.0595)	—	(0.0188)	—
lnagdp	0.0987*	−0.1110*	0.0160	−0.1350**	0.0512	−0.0798	0.0472	−0.0626
	(0.0508)	(0.0651)	(0.0487)	(0.0661)	(0.0484)	(0.0653)	(0.0467)	(0.0620)
lntr	−0.1070***	−0.2570***	−0.0543*	−0.1110***	−0.0596**	−0.1230***	−0.0297	−0.0711**
	(0.0312)	(0.0398)	(0.0286)	(0.0325)	(0.0287))	(0.0327)	(0.0283)	(0.0322)

续表

变量	(1)	(2)	(3)	(4)	(5)	(6)	(7)	(8)
$lntech$	0.05400 ***	0.0663 ***	−0.0626 **	−0.0585 **	0.0577 ***	0.0628 ***	0.0544 ***	0.0601 ***
	(0.0157)	(0.0164)	(0.0292)	(0.0294) (0.0294)	(0.0154)	(0.0166) (0.0166)	(0.0149)	(0.0159)
$lnkd$	−0.0821 ***	0.0649 *	−0.0228	0.0767 **	−0.2070 ***	−0.1200 **	−0.0304	0.0450
	−(0.0287)	(0.0372)	(0.0283)	(0.0379)	(0.0451)	(0.0495)	(0.0269)	(0.0352)
$lnla$	0.1630 ***	0.1570 ***	0.1600 ***	0.1900 ***	0.1340 ***	0.1550 ***	−0.3830 ***	−0.3860 ***
	—	(0.0409)	(0.0376)	−(0.0397)	(0.0404)	(0.0423)	(0.0924)	(0.0889)
$lnofdi1$	—	−0.1900 ***	—	−0.1070 ***	—	−0.2310 ***	—	−0.0894 ***
	—	(0.0416) (0.0416)	—	(0.0270)	—	(0.0611)	—	(0.0174)
$lnofdi1ntr$	0.0060 ***	—	—	—	—	—	—	—
	(0.0021)	—	—	—	—	—	—	—
$lnofdi11ntr$	—	0.0134 ***	—	—	—	—	—	—
	—	(0.0025)	—	—	—	—	—	—
$lnfdi1ntech$	—	—	0.0101 ***	—	—	—	—	—
	—	—	(0.0020)	—	—	—	—	—
$lnofdi11ntech$	—	—	—	0.0106 ***	—	—	—	—
	—	—	—	(0.0020)	—	—	—	—
$lnofdi1nkd$	—	—	—	—	0.0140 ***	—	—	—
	—	—	—	—	(0.0034)	—	—	—
$lnofdi11nkd$	—	—	—	—	—	0.0150 ***	—	—
	—	—	—	—	—	(0.0035)	—	—
$lnofdi1nla$	—	—	—	—	—	—	0.0453 ***	—
	—	—	—	—	—	—	(0.0066)	—
$lnofdi11nla$	—	—	—	—	—	—	—	0.0472 ***
	—	—	—	—	—	—	—	(0.0063)

变量	(1)	(2)	(3)	(4)	(5)	(6)	(7)	(8)
_cons	0.4410	2.2080***	0.8210*	1.3830***	2.2680***	2.9780***	0.1120	0.4560
	(0.4760)	(0.5880)	(0.4570)	(0.5100)(0.510)	(0.7390)	(0.7880)	(0.3960)	(0.4490)
R	0.3790	0.4390	0.4020	0.4380	0.3910	0.4250	0.4250	0.4760
F 统计值	35.2700	41.9700	38.9300	41.6800	44.0300	39.5800	37.1900	48.6300
Hausman 检验	6.3500	13.7700	12.3200	18.4300	10.3900	17.6900	21.1600	28.9900
	(0.4991)	(0.0555)	(0.0904)	(0.0102)	(0.1675)	(0.0134)	(0.0067)	(0.0003)

注：* 表示 $p<0.10$，** 表示 $p<0.05$，*** 表示 $p<0.01$，括号内为各估计量的稳健标准误。

数据来源：表中数据由笔者计算所得。

二、中国对外直接投资影响产业结构变动的动态实证分析

产业结构变动理论认为产业结构的调整依赖于现有路径，并且前期的产业结构状况对当期的产业结构状况有影响，因此上一节笔者主要从静态层面分析中国对外直接投资对产业结构升级的影响，本节笔者将分析对外直接投资额对产业结构变动速率的影响，从动态角度衡量对外直接投资对产业结构升级的影响。

（一）产业结构变动速率的测算

本书选取常用来衡量产业结构变动的 Moore 值来测算产业结构变动速率。Moore 值不仅能反映产业结构变化的动态过程，也能反映经济构成中三大产业所占比重的变化方向。Moore 值的计算如下：

$$\theta = \arccos \frac{\sum_{i=1}^{3} w_{i,t_0} \times w_{i,t_1}}{\sqrt{\sum_{i=1}^{3} w_{i,t_0}^2} \times \sqrt{\sum_{i=1}^{3} w_{i,t_1}^2}} \tag{5-9}$$

式中，θ 为产业结构变动值，θ 值越大表示产业结构变动幅度越大，θ 值越小表示产业结构变动幅度越小；w_{i,t_0}^2，w_{i,t_1}^2 分别是 t_0 年和 t_1 的 i 产业所占比重。

选取《中国统计年鉴》中各产业占国民生产总值比重测算 2004—2016 年产业结构变动速率，西藏自治区因数据缺失未包含其中。表 5-6 反映了 2004—2016 年各省份产业结构变动速率测算结果的平均值，其中山西、黑龙江、内蒙

古自治区、新疆维吾尔自治区等省份产业结构变动速率的平均值较大，在 0.0500 以上，意味着这几个省份产业结构变动速度较快；而北京、河北、江苏、浙江、广东这五个省份的产业结构变动速率的平均值均低于 0.0300，说明这些省份的产业结构变动速率较低。这是因为产业结构变动速率均值较低的省份经济较发达，产业结构层次已经较高，第二、三产业发展基础较好，各产业变动速度则相对较慢；而产业结构变动速率均值较高的省份经济发展水平不高，产业结构层次较低，由于我国经济发展水平的提高和对外直接投资等因素的影响，第二、三产业快速发展，占国民经济比重提升，产业结构升级相比而言速度较快。

表 5−6　2004−2016 年各省产业结构变动速率平均值

省份	均值	省份	均值
北京	0.0265	河南	0.0337
天津	0.0406	湖北	0.0392
河北	0.0277	湖南	0.0390
山西	0.0700	广东	0.0297
内蒙古	0.0630	广西	0.0414
辽宁	0.0505	海南	0.0451
吉林	0.0397	重庆	0.0495
黑龙江	0.0665	四川	0.0493
上海	0.0390	贵州	0.0407
江苏	0.0239	云南	0.0332
浙江	0.0224	陕西	0.0395
安徽	0.0442	甘肃	0.0544
福建	0.2069	青海	0.0468
江西	0.0372	宁夏	0.0413
山东	0.0261	新疆	0.0559

数据来源：表中数据由笔者计算所得。

2004—2016 年东部地区与中西部地区产业结构变动速率均值的变动趋势（如图 5−2 所示），可以看出东部地区和中西部地区的产业结构变动速率都呈现波动式的变化趋势，并且两地区之间的变动趋势趋于一致，均在 2008 年和 2014 年达到产业结构变动速率的高点，在 2007 年和 2012 年达到产业结构变动速率的低点。由此可见，虽然地区间产业结构变动速率有差异，但总体变化趋势一致。

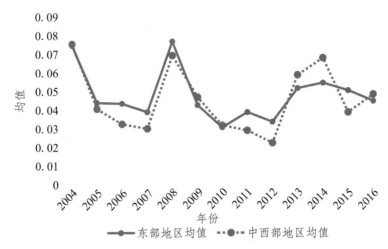

图 5-2　2004—2016 年东部地区与中西部地区产业结构变动速率趋势图

数据来源：图中数据由笔者计算所得。

（二）数据来源、变量选取及模型设定

本节选取了上一节的数据计算产业结构变动速率，数据年度选取 2004—2016 年，以产业结构变动速率作为被解释变量，$ofdi_{it}$ 作为主要解释变量，以 $ofdi$ 影响产业结构路径 tr_{it}、$tech_{it}$、kd_{it}、la_{it} 作为控制变量，构建如下模型：

$$\theta = \alpha + \beta_1 \ln ofdi_{it} + \beta_2 \ln tr_{it} + \beta_3 \ln tech_{it} + \beta_4 \ln kd_{it} +$$
$$\beta_5 \ln la_{it} + \beta_6 \ln (L.\theta)_{it} + u_i + \varepsilon_{it} \qquad (5-10)$$

式中，i 表示省份，t 表示年份，u 表示个体效应，ε 表示随机扰动项，θ 表示产业结构变化率，$lnofdi_{it}$ 为对外直接投资指数，$lntech_{it}$ 为技术水平指数，$lntr_{it}$ 为贸易水平指数，$lnkd_{it}$ 为固定资产投资指数，$lnla_{it}$ 为人力资本指数。式（5-10）中，$ln（L.\theta）$ 表示产业结构变化率一期滞后项。

$$ln(L.\theta) = \ln(L.\theta)$$

式中，$L.\theta$ 表示滞后一期的产业结构变化率。

表 5-7 为模型（5-10）变量描述性统计结果。

表 5-7　变量描述性统计结果

变量	样本数	均值	标准差	最小值	最大值
θ	390.000	0.047	0.043	0.001	0.272
$lnofdi$	390.000	11.675	2.314	3.895	16.583
$lntr$	390.000	16.716	1.641	12.725	20.308

变量	样本数	均值	标准差	最小值	最大值
lntech	390.000	12.822	1.772	7.506	17.476
lnkd	390.000	17.912	1.070	14.850	20.104
lnla	390.000	2.374	0.588	1.101	4.023

数据来源：表中数据由笔者计算所得。

（三）实证结果分析

本节考察中国对外直接投资流量变动对产业结构变动速率的动态影响，由于 $ofdi$ 和 θ 之间可能互相影响，存在双向因果关系，而影响产业结构变动的因素较多，为避免指标遗漏等问题带来的内生性使模型估计产生偏差，本节选用动态面板差分广义矩估计（简称差分 GMM）和系统广义矩估计（简称广义 GMM）来进行回归分析，并得到实证结果，见表 5-8。

通过动态面板回归分析可知，差分序列残差项的 Arellano-Band 自相关检验显示扰动项不存在二阶自相关，接受扰动项无自相关的原假设，同时过度识别检验 Sargan text 结果不能拒绝原假设，检验结果显示采用差分 GMM 和系统 GMM 实证结果稳健（见表 5-8）。

表 5-8 动态面板回归结果

变量	差分 GMM	系统 GMM
lnofdi	−0.00564***	−0.00647***
	(−6.76000)	(−8.00000)
$\ln(L.\theta)$	0.13800***	0.12900***
	(7.67000)	(6.36000)
lntr	0.02780***	0.00181
	(15.98)	(0.76)
lntech	0.00906***	0.00551***
	(10.49000)	(3.92000)
lnkd	0.00680***	0.02470***
	(3.32000)	(8.49000)
lnla	−0.03290***	−0.02520***
	(−13.72000)	(−9.91000)

变量	差分 GMM	系统 GMM
_cons	−0.53200***	−0.37400***
	(−19.80000)	(−9.22000)
Sargan test	0.60710	0.96200
AR（2）	0.08060	0.05560
wald chi2	1666.04000	654.40000

注：* 表示 $p<0.10$，** 表示 $p<0.05$，*** 表示 $p<0.01$，括号内为统计量。

数据来源：表中数据由笔者计算所得。

第一，对外直接投资变动与产业结构变动速率呈负相关，表明虽然中国对外直接投资与产业结构升级有促进作用，但是对外直接投资额的增加越多，产业结构变动速率越低，即产业结构升级速度及效率却在下降。发生这种情况的原因可能是中国存在区域经济结构发展不平衡的情况，东部地区较中西部地区产业结构更为合理，由前文实证结果可知对外直接投资对东部地区产业结构有正向的促进作用，因此，变动速度相对加快。而我国对外直接投资扩张对促进中西部地区的产业结构升级并未显示明显作用，西部地区变动速度反而降低了。对外直接投资的扩大，促进了中国产业结构升级的同时也加剧了中国产业结构区域分布不合理，各地区产业结构升级变化速度的不同，会导致全国产业结构变动速率呈下降趋势。中国对外直接投资多集中于东道国第二产业，对母国第三产业产生的效应较第二产业产生的效益小，因此也会影响产业结构的变化速度。

第二，产业结构变动速率的一期滞后项对当期产业结构变动速率有正向促进作用，即滞后一期的产业结构变动速率越快，当期的产业结构变动速率也越快，该结果表明中国产业结构升级速度已形成稳定和均衡的增长，即产业结构以稳定的增长速率在进行调整。

第三，在控制变量中，贸易额、技术水平、固定资产投资与产业结构变动速率的系数呈正相关，这表明它们对产业结构的变化率有正向的促进作用。贸易额的增长促进了产业结构变动速率的提升，这表明积极参与国际分工合作，对产业结构变动速度有推进作用。技术水平的提高与产业结构变动速率呈正相关，这印证了技术的提升与创新是推动产业结构升级的助推剂。固定资产投资额的系数为正且高度显著，表明固定资产投资的增加对当期产业结构升级无益，但是能提高产业结构升级变动速度。人力资本的系数高度显著，但是为负数，有悖于人力资本是产业结构升级的重要因素这一观点。其原因有两方面：

一是虽然人力资本的总量增加，但更多的集中于东部发达地区，中西部人才仍紧缺，高素质人才多集中于第二产业，同时人力资本分布也存在严重的区域不平衡和产业分布不平衡的现象，这些因素限制了人力资本推动产业结构加快调整；二是短期内对外直接投资的人力资本效应无法超越其母国的失业效应，失业效应导致产业结构变动速度短期偏低。

第二节　我国对外直接投资对国内产业内部结构影响的实证分析

制造业是国民经济的主体。根据《2017 年度中国对外直接投资统计公报》，2017 年中国对外直接投资流量流向租赁和商务服务业的投资 542.7 亿美元，同比下降 17.5%，而制造业占当年流量总额的 18.6%，位居第二位，较上年提升 3.8 个百分点。2017 年中国企业对外投资并购涉及 18 个行业大类，制造业的并购金额达 607.2 亿美元，是上年的 2 倍，居首位，涉及 163 个项目。我国企业对外直接投资中制造业发展强劲。制造业的对外直接投资对我国经济、就业、产业、技术等方面均会产生影响。在就业方面，制造业的对外直接投资能扩大国内就业规模，高技术制造业价值链地位的提升能提高对外直接投资对就业的促进作用（刘海云，廖庆梅，2017）；在产业方面，在现有钢铁产量不增加的情况下，通过"一带一路"倡议到 2020 年能基本化解我国钢铁的过剩产能；在技术方面，为获取先进技术投资于发达国家的对外直接投资短期内对母国公司投资产生挤占效应，但是长期来看技术和知识会对母公司扩散，提高母公司的技术水平（杨亚平，吴祝红，2016）。贾妮莎、申晨（2016）通过马氏距离匹配法和倍差法分析了制造业企业数据，证明了企业对外直接投资有利于提升高中端技术制造业增加值份额，对低端技术制造业作用较弱，并且投资于发达国家较发展中国家对制造业产业结构升级效应的作用更明显。

我国制造业对外直接投资规模逐年提高，而中国制造业的发展还面临着一些制约因素：人口红利消失，技术创新能力不足，粗放型发展模式的资源和环境约束持续增强等。国际上，我国制造业面临着发达国家高技术制造业回流、发展中国家争夺低技术制造业的双重危机。我国制造业亟待通过结构升级、提高技术水平和提高研发能力来突破制约因素规避风险，实现制造业的高质量发展。因此，对外直接投资作为生产要素跨国流动的主要途径之一，必然会直接影响母国资源配置。本书试图在我国制造业对外直接投资规模逐渐扩大的背景下探讨国内制造业值得关注的两个问题：一是制造业通过对外直接投资对自身结构会造成何种绝对变动和相对变动，这是否能促进制造业的高质量发展？二是制造业对外直接投资带来的逆向技术溢出，国内制造业是否能转化为自身的技术研发能力，对制造业高质量发展有何影响？本节则从产业内的要素密集度角探讨中国对外直接投资对制造业高质量发展的影响。

一、制造业结构升级指标

现有文献对产业结构升级的衡量多是从三大产业间的产业结构合理化、产业结构高级化或是产业的比重进行分析的，制造业行业内的结构升级基本是从要素密集度的绝对比重展开讨论的，鲜有文献会对制造业内部结构层次进行分析。本书参考三大产业结构水平的测度方法，考虑到劳动、资本、技术密集型制造业，类比三大产业中第一产业产业层次较低、第二产业次之、第三产业结构层次最高，劳动密集型制造业结构层次较低，资本密集型制造业次之，技术密集型制造业结构层次最高。由于中国制造业面临的主要问题是结构升级问题，即技术密集型制造业在制造业工业总产值的占比不断上升，劳动密集型制造业的占比下降，所以本书采用徐德云（2008）的产业结构层次系数法对制造业结构水平进行测算，能更好地反映一个国家或地区制造业结构的变动情况。在三大类型制造业结构层次系数的赋值上，技术密集型制造业比重最大设置为3，资本密集型制造业比重次之设置为2，劳动密集型制造业比重最小设置为1。因此，三大类型制造业的结构层次为：

$$ins_{it} = lab_{it} + 2 \times cap_{it} + 3 \times tec_{it} \tag{5-11}$$

式中，ins_{it} 代表制造业结构层次系数，lab_{it}、cap_{it}、tec_{it} 分别是劳动密集型制造业占制造业工业总产值的比重、资本密集型制造业占制造业工业总产值的比重、技术密集型制造业占制造业工业总产值的比重。制造业结构层次系数 ins_{it} 在 1~3，结构层次系数越接近 1，表示劳动密集型制造业占比较大，制造业结构层次较低；结构层次系数越接近 3，表示技术密集型制造业占比较大，制造业结构层次较高。

本节选取的是 2008—2016 年中国制造业三十个省（自治区、直辖市）数据，西藏自治区因数据缺失未包含于其中。将行业按要素密集度分类，本书根据已开展对外直接投资的制造业行业并结合国民经济行业分类，选取 15 个制造业分为劳动密集型、技术密集型、资本密集型。劳动密集型行业包括食品、饮料及烟草，纺织业，纺织服装、服饰，皮革、毛皮、羽毛及其制品和制鞋业，木材加工及竹藤棕草制品；资本密集型行业包括行业化学原料与化学制品，橡胶和塑料制品，非金属矿物制品，金属冶炼、加工与金属制品，机械设备；技术密集型行业包括医药制造，汽车、铁路、船舶、航空航天及其他运输设备，计算机、通信及其他电子设备，仪表仪器业。计算劳动密集型、资本密集型、技术密集型工业总产值占制造业总产值的比重，并进行赋值，测算制造业结构层次系数。

二、模型的建立与变量的选取

（一）模型的建立

基于前文对制造业结构层次系数的分析，本节试图建立实证模型，分析中国对外直接投资对制造业结构转型升级的影响，构建如下模型：

$$ins_{it} = \beta_1 + \beta_2 \ln ofdi_{it} + \beta_3 \ln control_{it} + \varepsilon_{it} \qquad (5-12)$$

式中，i 表示省份，t 表示年份，ins_{it} 为制造业结构层次系数，$lnofdi_{it}$ 为制造业对外直接投资指数，$lncontrol_{it}$ 为控制变量，此处控制变量具体包括：外商直接投资、出口比重、房地产价格、工资水平、人口密度、研发投入、人力资本、城市化水平、政府财政支出。

（二）数据及变量的选取

本节选取的是 2008—2016 年中国制造业三十个省（自治区、直辖市）的面板数据，西藏自治区因数据缺失未包含其中。中国的经济发展存在明显的区域不平衡，为检验制造业对外直接投资对结构转型升级可能存在的区域差异，本书将全样本分为东部地区和中西部地区，其中东部地区包括北京、天津、河北、辽宁、上海、江苏、浙江、福建、山东、广东、广西和海南，其余省（自治区、直辖市）归为中西部地区。

1. ins_{it} 为制造业结构层次系数

由于制造业行业产值数据缺失，本书选取了主营业务收入替代制造业产值，测算方法及数据来源见前文。

2. $lnofdi_{it}$ 为制造业对外直接投资指数

$$lnofdi_{it} = \ln ofdi_{it}$$

式中，$ofdi_{it}$ 表示 i 省份 t 年制造业对外直接投资。选取各省份对外直接投资流量表示，由于无省级制造业对外直接投资流量数据，本书以制造业出口交货值占总出口交货值比值与各省对外直接投资流量的乘积计算制造业对外直接投资流量，按当年汇率换算成人民币，再按工业出厂价格指数平减。

3. $lnfdi_{it}$ 为制造业外商直接投资指数

$$lnfdi_{it} = \ln fdi_{it}$$

式中，fdi_{it} 表示 i 省份 t 年外商直接投资。跨国公司进入中国制造业市场之后，不仅增加了制造业资本存量，同时外商直接投资通过垂直溢出效应和水平溢出效应也为中国市场带来了先进的设备和技术、科技人员的流动、科学的管理和销售经验，而且增强了行业的竞争效应，推动了企业的优胜劣汰，进而对制造业结构产生了影响。由于数据限制，以制造业出口交货值占总出口交货值比值与各省外商企业投资总额的乘积计算制造业外商直接投资，按当年汇率换算成人民币，再按工业出厂价格指数进行平减。

4. $lnep_{it}$ 为制造业出口比重指数

$$lnep_{it} = \ln ep_{it}$$

式中，ep_{it} 表示 i 省份 t 年制造业出口比重。出口对制造业结构升级的影响可以归纳为：一是中国经济快速发展，尤其是制造业的一些产品在国内市场已呈现产能过剩的情况，通过对外贸易能缓解制造业过剩的生产能力；二是国外市场对中国制造业产品的需求会引导国内行业做出相应的调整。选取出口比重以制造业出口交货值占总出口交货值比值表示制造业出口的比重。

5. $lnrep_{it}$ 为房地产价格指数

$$lnrep_{it} = \ln rep_{it}$$

式中，rep_{it} 表示 i 省份 t 年的房地产价格。近年房地产价格持续走高、投资回报率快速增加，导致包括制造业行业在内的资本大量涌进房地产行业来寻求高资金回报率；房地产既是投资品又是消费品，且不具有技术溢出效应，制造业资本流出对制造业技术集约性提高并没有推进作用，反而对制造业产业发展的投资有挤占作用，对制造业结构也会产生影响。选取各省房地产平均销售价格表示房地产价格，并用 GDP 价格指数进行平减。

6. $lnwage_{it}$ 为制造业工资水平指数

$$lnwage_{it} = \ln wage_{it}$$

式中，$wage_{it}$ 表示 i 省份 t 年制造业工资水平。人力成本是影响企业生产成本的重要因素之一，人口红利逐渐消失、劳动力成本上涨，对我国制造业的结构也产生影响：一方面，随着中国劳动力工资上涨、劳动密集型产业竞争力逐渐消失，并且企业生产成本提高造成制造业的利润率降低，部分企业和产业会选择利润率高的行业；另一方面，劳动力成本上涨也会促进企业为获取高额利润率提高产品技术、引进先进设备，促进劳动密集型产业转型升级。选取各省制造业平均人员工资表示工资水平，并用居民消费价格指数进行平减。

7. $lnpos_{it}$ 为人口密度指数

$$lnpos_{it} = \ln pos_{it}$$

式中，pos_{it} 表示 i 省份 t 年的人口密度指数。人口密度对就业人数特别是劳动密集型产业就业人数及工资水平有影响，进而对制造业结构有影响。选取各省年末常住人口表示人口密度。

8. $lnrd_{it}$ 为制造业研发投入指数，$lnhc_{it}$ 为制造业人力资本指数

$$lnrd_{it} = \ln rd_{it}$$

$$lnhc_{it} = \ln hc_{it}$$

式中，rd_{it} 表示 i 省份 t 年制造业的研发投入，hc_{it} 表示 i 省份 t 年制造业的人力资本。研发投入和人力资本投入直接影响企业科研活动效率，将知识和人才要素投入获得新的技术、设备和工艺投入生产获得现实生产力，能促使企业突破技术瓶颈，降低产品对劳动力和资源的过度依赖；同时，新的技术能提高生产效率、降低企业的生产成本，形成新的比较优势；研发和人力资本投入增加企业技术要素的密集度，技术密集型制造业比重将提升；通过以上途径研发投入和人力资本投入都会对制造业的结构升级产生影响。以各省制造业科技活动内部经费支出表示制造业研发投入，以各省制造业研发人员全时当量来表示人力资本。

9. $lncity_{it}$ 为城市化水平指数

$$lncity_{it} = \ln city_{it}$$

式中，$city_{it}$ 表示 i 省份 t 年的城市化水平。城市化水平越高，地区引进外资越具有区位优势，也更利于资本密集型和技术密集型制造业发展。选取各省城镇人口与总人口之比表示城市化水平。

10. $lngov_{it}$ 为政府财政支出指数

$$lngov_{it} = \ln gov_{it}$$

式中，gov_{it} 表示 i 省份 t 年的政府财政支出。选取各省政府财政一般预算支出与各省地区生产总值之比表示政府支出水平。各变量描述性统计结果见表5-9。

表5-9 变量描述性统计结果

变量	样本数	均值	标准差	最小值	最大值
ins	270.000	2.034	0.198	1.575	2.581
$lnofdi$	270.000	9.329	2.758	−0.342	15.228

变量	样本数	均值	标准差	最小值	最大值
$lnfdi$	270.000	3.114	2.581	−4.025	7.951
$lnep$	270.000	−2.978	1.048	−6.669	−0.978
$lnrep$	270.000	3.907	0.489	2.917	5.597
$lnwage$	270.000	10.530	0.352	9.717	11.469
$lnpos$	270.000	8.184	0.742	6.317	9.306
$lnrd$	270.000	5.099	1.345	1.208	7.618
$lnhc$	270.000	1.769	1.164	−1.757	3.995
$lnlabor$	270.000	−1.535	0.449	−2.956	−0.577
$lncity$	270.000	−0.572	0.290	−1.234	0.000

数据来源：表中数据由笔者计算所得。

三、实证结果分析

（一）全样本估计结果

结合省级制造业面板数据，本节通过实证检验分析制造业对外直接投资对反映三大类型制造业相对占比的结构层次系数的影响，即对其结构升级的作用。鉴于对外直接投资影响产业结构具有滞后性，所以本书选取对外直接投资流量滞后一期表示对外直接投资额。

中国制造业对外直接投资对其结构升级影响的回归结果见表5—10。在使用固定效应模型回归之前，对模型进行 Hausman 检验，选择使用随机效应模型还是固定效应模型。Hausman 结果显示在1%的显著水平拒绝随机效应模型，选择固定效应模型作为回归结果。考虑到制造业结构升级是一个动态变化过程，上一期制造业的结构升级结果对当期结构升级有影响，所以同时选取上一期的制造业结构层次系数作为解释变量，并用动态面板回归模型估计前一期制造业结构层次系数、制造业对外直接投资及影响制造业结构升级的因素对制造业结构转型升级的影响。由于制造业选取的面板数据跨度较短，加入滞后项会存在内生性问题，并会导致估计结果偏差，考虑到系统广义矩估计对变量系数估计效果更好，所以本节选用动态面板系统 GMM 对方程（5—10）进行回归，由表5—10显示可知，Arellano—Band 自相关检验显示扰动项不存在二阶自相关，接受扰动项无自相关的原假设，同时过度识别检验 Sargan 结果不能拒绝原假设，检验结果显示采用系统 GMM 实证结果稳健。

通过全样本回归分析可知，固定效应模型估计结果显示 $lnofdi$ 系数为 0.0072，并通过 5% 的显著性检验，即制造业对外直接投资额变动 1%，制造业结构层次系数增加 0.0072（表 5—10）。以系统 GMM 估计结果为基础显示，$lnofdi$ 系数同样为正且通过 1% 的显著性检验，该结果表明制造业通过对外直接投资对制造业结构升级有正向促进作用；滞后一期的 ins 系数为 0.6890，且在 1% 的水平上通过了显著性检验，表明上一期的制造业结构对当期结构转型有同向推动作用。其他估计结果中，外商直接投资、人口密集度、城市化水平、政府财政支出的系数为正，这说明引进外资带来资金、技术、管理经验等对地区制造业结构升级有促进作用，城市化水平越高对制造业转型升级越有利，政府的财政支出越高，制造业结构层次系数越高；房地产价格系数显著为负，表明房地产价格越高，其对制造业资本的虹吸效应越明显，越不利于制造业结构转型；人力资本系数显著为负，即人力资本对制造业结构升级有阻碍作用，原因可能是制造业研发人员分布结构不合理，劳动密集型制造业研发人员占比重较大；出口比重系数价格为负，表明出口不利于地区制造业转型升级，原因是国际对中国产品需求是以劳动密集型为主，且中国依赖于劳动密集型产品的出口模式尚未改变。制造业的研发投入对结构转型作用不明显，可能的原因是研发、投入产生作用可能具有一定的滞后性。

表 5—10　全样本回归结果

变量	FE	系统 GMM
lnofdi	0.0072**	0.0076***
	(2.1300)	(3.2500)
lnfdi	−0.0135	0.0342***
	(−1.1700)	(3.4000)
lnex	0.0534***	−0.0373***
	(3.5100)	(−2.8100)
lnrep	−0.0569	−0.0682***
	(−1.4800)	(−3.1500)
lnwage	−0.0505	−0.0372
	(−1.1500)	(−1.2000)
lnpos	0.2350	0.1130**
	(1.5900)	(2.0200)

变量	FE	系统 GMM
$lnrd$	0.0026	0.0357
	(0.0600)	(1.0800)
$lnhc$	−0.0917**	−0.1160***
	(−2.3200)	(−4.6100)
$lncity$	0.0577***	0.0234***
	(4.7400)	(3.6700)
$lngov$	0.0205***	0.0186***
	(3.5000)	(11.8700)
$L. ins$	—	0.6890***
	—	(8.9000)
$\_cons$	1.2100	0.1450
	(1.0300)	(0.2000)
R	0.5120	—
F 统计值	20.9800	16124.7000
	(0.0000)	(0.0000)
Hausman 检验	36.6700	—
	(0.0001)	—
Sargan test	—	0.5927
AR (2)	—	0.5072

注：* 表示 $p<0.10$，** 表示 $p<0.05$，*** 表示 $p<0.01$，括号内为统计量。

数据来源：表中数据由笔者计算所得。

（二）分行业子样本估计结果

本节也试图从三大类型制造业的绝对占比角度分析了对外直接投资分别对劳动密集型、资本密集型及技术密集型三大类型制造业的结构升级的影响，因此选取三大类型制造业产值占工业总产值的比重作为被解释变量反映对外直接投资对制造业转型升级的影响。

本节选取固定效应模型和系统广义矩估计模型分析对外直接投资对制造业转型升级的影响。表 5-11 中（1）～（3）列分别是劳动密集型、资本密集型及技术密集型制造业回归结果。由表 5-11 可知，对外直接投资对劳动密集型制造业占比提升存在不显著的阻碍作用，对资本密集型制造业所占比重提升有显著的阻碍作用，而对技术密集型制造业有明显的推动作用。这种结果的原因是中国制造业向发展中国家对外直接投资是以边际产业转移、转移过剩产能为目的的，劳动密集型产业转型升级影响不明显；向发达国家的对外直接投资是以获取东道国先进的技术、增强自身研发能力为目的的，技术的逆向溢出对技术密集型制造业的技术创新能力提升有推动作用；然而对外直接投资会带来资本外流，导致资本密集型制造业核心要素资金量不足、融资成本增加，不利于其转型升级。由表5-11回归结果显示滞后一期的劳动密集型、资本密集型、技术密集型制造业所占比重系数为正且通过1%水平的显著性检验、表明前一期的占比对当期的占比有同向推动作用，即上一期三大类型制造业所占比重的增减对当期值有同向变动作用。

　　对外直接投资对劳动密集型和资本密集型制造业所占比重提升有显著阻碍作用，对技术密集型制造业绝对占比有显著的提升作用；外商直接投资为技术密集型制造业带来了丰裕的资本和技术溢出，使其所占比重上升，有利于技术密集型制造业升级。出口增加、房地产发展、人力资本投入增加都有利于劳动密集型制造业比重上升，却不利于技术密集型制造业比重提高，不利于制造业转型升级，其中人力资本投入增加不利于技术密集型制造业比重提高，可能的原因是我国劳动密集型制造业人力资本占比较大，科研人员相对较多。研发投入、城市化水平及政府财政支出都有利于降低劳动密集型制造业比重、促进资本密集型制造业比重上升，有利于这两类制造业转型。

表5-11　分行业子样本回归结果

变量	(1)	(2)	(3)	(1)	(2)	(3)
	FE1	FE2	FE3	系统 GMM1	系统 GMM2	系统 GMM3
$L.labor$	—	—	—	0.557***	—	—
	—	—	—	(13.96)	—	—
$lnofdi$	−0.0014	−0.0044**	0.0058***	−0.0035***	−0.0004	0.0041***
	(−0.7400)	(−2.4700)	(3.0800)	(−4.4800)	(−0.6200)	(3.0600)
$lnfdi$	0.0154**	−0.0173***	0.0019	−0.0245***	−0.00790**	0.0113***
	(2.3300)	(−2.8800)	(0.3000)	(−7.5400)	(−2.4200)	(3.3800)
$lnex$	−0.0267***	0.0063	0.0267***	0.0306***	−0.0055	−0.0095**
	(−3.0600)	(0.0000)	(3.1600)	(5.9400)	(−1.5900)	(−2.5200)

续表

变量	(1)	(2)	(3)	(1)	(2)	(3)
	FE1	FE2	FE3	系统 GMM1	系统 GMM2	系统 GMM3
lnrep	0.0589***	−0.0609***	0.0020	0.0097	−0.0160	−0.0242**
	(2.6700)	(−3.0400)	(0.0900)	(0.7300)	(−0.9300)	(−2.0500)
lnwage	0.0529**	−0.0553**	0.0024	0.1190***	−0.0426***	0.0234*
	(2.1000)	(−2.4100)	(0.1000)	(7.8500)	(−2.9200)	(1.8400)
lnpos	−0.0285	−0.179**	0.207**	0.0708***	−0.0943***	0.163***
	(−0.3300)	(−2.3100)	(2.5200)	(2.9400)	(−4.7300)	(3.8200)
lnrd	−0.0151	0.0276	−0.0125	−0.0493***	0.0173*	0.0026
	(−0.6400)	(1.2800)	(−0.5400)	(−3.4300)	(1.7200)	(0.2000)
lnhc	0.0409*	0.0099	−0.0508**	0.0402***	0.0099	−0.0760***
	(1.8100)	(0.4800)	(−2.3200)	(3.3600)	(0.6100)	(−8.4300)
lncity	−0.0518***	0.0458***	0.00597	−0.0372***	0.0418***	−0.0103***
	(−7.4100)	(7.2100)	(0.8900)	(−15.9500)	(16.9200)	(−4.0500)
lngov	−0.0134***	0.0064**	0.0071**	−0.0126***	0.0101***	−0.0015**
	(−4.0000)	(2.0900)	(2.1700)	(−12.9100)	(8.4600)	(−1.9800)
L. fun	—	—	—	—	0.5420***	—
	—	—	—	—	(10.0800)	—
L. tec	—	—	—	—	—	0.8340***
	—	—	—	—	—	(11.9200)
_cons	−0.4780	2.7450***	−1.2670*	−1.4260***	1.4460***	−1.4360***
	(−0.7100)	(4.5000)	(−1.9600)	(−5.4300)	(6.2800)	(−3.9400)
N	240.0000	240.0000	240.0000	240.0000	240.0000	240.0000
R	0.7140	0.7420	0.2310	—	—	—
F 统计值	50.0100	57.4100	6.0000	29754.6800	21364.0900	2365.0200
Hausman 检验	20.4800	8.8600	33.6100	—	—	—
	(0.0250)	(0.4502)	(0.0002)	—	—	—
Sargan test	—	—	—	0.5733	0.4197	0.4565
AR (2)	—	—	—	0.0710	0.0360	0.8519

注：* 表示 $p<0.10$，** 表示 $p<0.05$，*** 表示 $p<0.01$，括号内为统计量。

数据来源：表中数据由笔者计算所得。

（三）分地区子样本回归

通过地区子样本回归估计东部地区和中西部地区制造业对外直接投资对结构转型的固定效应。东部地区的 $lnofdi$ 系数显著为正，表明对外直接投资对制造业结构升级有正向促进作用，但是中西部地区对外直接投资对制造业转型的作用并不明显。东部地区对外直接投资起步早、投资结构较合理，制造业结构都较为合理，水平高于中西部地区，这些为制造业结构升级提供了优异的先决条件；中西部地区对外直接投资起步晚，多为对外产业转移或是承接东部的产业转移、多为劳动密集型制造业，转型升级难度大（见表 5-12）。

表 5-12　分地区子样本回归估计结果

变量	东部地区		中西部地区	
	FE	系统 GMM	FE	系统 GMM
$lnofdi$	0.0204**	0.0469	0.0021	0.0017
	(2.1700)	(1.1900)	(0.6200)	(0.6700)
$lnfdi$	−0.0256	0.3370	−0.0055	0.0023
	(−1.0200)	(0.9800)	(−0.3800)	(0.1000)
$lnex$	0.0170	−0.0747	0.0491***	−0.0061
	(0.4700)	(−1.0700)	(2.8200)	(−0.2300)
$lnrep$	0.0086	2.1020	−0.1090**	−0.1130***
	(0.1400)	(0.9400)	(−2.4400)	(−3.5500)
$lnwage$	0.1810***	−0.7100	−0.1140**	0.0058
	(2.7300)	(−0.9900)	(−2.1600)	(0.0700)
$lnpos$	0.1590	0.6850	0.8100***	1.1790
	(0.8100)	(1.2600)	(2.9500)	(1.4500)
$lnrd$	−0.2170***	−3.1590	0.0495	−0.0419
	(−3.0600)	(−0.9300)	(1.0200)	(−0.5600)
$lnhc$	−0.1420**	4.0780	−0.0412	−0.0148
	(−2.2300)	(0.9000)	(−0.8600)	(−0.2900)
$lncity$	0.1230***	0.1600	0.0425***	0.0302***
	(4.7400)	(1.3000)	(3.7100)	(2.8300)
$lngov$	0.0235***	0.0015	0.0167**	0.0154***
	(2.9900)	(0.0800)	(2.3500)	(5.8700)

变量	东部地区		中西部地区	
	FE	系统 GMM	FE	系统 GMM
$L.\,ins$	—	0.5390***	—	0.3520*
	—	(2.6000)	—	(1.6900)
$\_cons$	0.4880	—	−2.9580	−7.7170
	(0.3100)	—	(−1.3400)	(−1.3300)
R	0.6980		0.5860	—

注：*表示 $p<0.10$，**表示 $p<0.05$，***表示 $p<0.01$，括号内为统计量。

数据来源：表中数据由笔者计算所得。

（四）稳健性检验

为考察本书估计结果的稳健性，本节改变对外直接投资的测度指标，即选取各省制造业对外直接投资存量数据（测算方法同制造业对外直接投资流量）。为保持结果的稳健，用各省制造业对外直接投资存量作为解释变量，对制造业结构系数进行固定效应模型估计和系统广义矩估计，估计结果见表5—13，与选取制造业对外直接投资流量回归结果一致，即回归结果不受变量选取的差异影响，表明回归结果稳健，即中国制造业进行对外直接投资对其结构转型有正向的推动作用。

表 5—13　稳健性检验

变量	FE	系统 GMM
$lnofdi$	0.0214***	0.0203***
	(3.7000)	(4.4200)
$lnfdi$	−0.0231**	0.0164**
	(−1.9900)	(2.1000)
$lnex$	0.0561***	−0.0190*
	(3.7600)	(−1.8200)
$lnrep$	−0.0650*	−0.0822***
	(−1.7200)	(−4.3500)
$lnwage$	−0.0652	−0.0314
	(−1.5100)	(−1.4800)

续表

变量	FE	系统 GMM
lnpos	0.2340	0.1430***
	(1.6100)	(3.0200)
lnrd	−0.0157	0.0245
	(−0.3800)	(0.7800)
lnhc	−0.0810**	−0.1120***
	(−2.0900)	(−4.1600)
lncity	0.0645***	0.0264***
	(5.3200)	(4.3900)
lngov	0.0223***	0.0213***
	(3.8700)	(15.3400)
L. ins	—	0.7460***
	—	(11.7200)
_cons	1.3710	−0.2010
	(1.2000)	(−0.4100)
R	0.5330	—
F 统计值	22.8200	16616.0200
Hausman 检验	38.4400	—
	(0.0000)	—
Sargan test	—	0.5119
AR（2）	—	0.2565

注：* 表示 $p<0.10$，** 表示 $p<0.05$，*** 表示 $p<0.01$，括号内为统计量。

数据来源：表中数据由笔者计算所得。

第三节　本章小结

本章首先试图回答的问题是：中国对外直接投资对产业高质量发展在产业之间的作用是否存在，即对产业结构升级是否有促进作用？在考虑对外直接投资的母国效应滞后性的因素下以宏观经济变量视角分析对外直接投资对产业结构的影响路径，以及在产业结构的动态层面分析对外直接投资对产业结构升级的变动速率是否存在影响。基于上述问题，本章通过展开讨论并通过计量回归分析实证检验得到以下结论。

第一，利用 2003—2017 年省级数据测算全国和东部、中西部地区的产业结构水平，并在钱纳里"产业标准结构"模型基础上构建对外直接投资影响产业结构水平的模型，并实证检验。从全国层面来看，我国对外直接投资对产业结构升级有促进作用，技术水平提高、人力资本增强也有利于产业结构水平提高，贸易额和固定资产投资的扩大却对地区产业结构升级有阻碍作用。从地区层面来看，对外直接投资对产业结构水平的促进主要表现在东部经济发达地区，中西部地区并无明显变化。

第二，本书实证检验了对外直接投资通过贸易、技术、资本和人力资本等宏观经济变量对产业结构的作用及持续性。结论显示对外直接投资溢出效应可以从贸易、技术、资本、人力资本路径正向激励产业结构升级，对外直接投资通过人力资本路径即高素质人才产生的促进作用明显大于其他路径；对外直接投资对产业结构升级的滞后效应也可通过相同路径传导并产生积极作用，且这种滞后效应的积极作用并未减弱。

第三，利用 2004—2016 年省级数据测算各省的产业结构变动速率，通过构建对外直接投资对产业结构变动速率的模型并进行实证检验可知，我国产业结构变动的速度已基本形成均衡的增长态势，但是对外直接投资扩张对产业结构的变动速率有抑制作用，降低产业结构优化的速度；贸易的深化、技术水平提高和固定资产投资规模扩大却可以对产业结构升级速度有正向激励作用。

其次，本章试图回答第二个问题：中国的对外直接投资对产业内部结构产生何种影响？鉴于制造业在国民经济的特殊地位及当前转型升级的迫切性，本章以制造业对外直接投资与内部结构为研究对象，讨论对外直接投资是否影响产业结构的相对变动和绝对变动。文中将劳动密集型、资本密集型、技术密集型制造业通过类比三大产业结构层次系数，构建制造业结构层级系数并进行测算以反映制造业结构转型升级水平。并结合中国 2008—2016 年省级制造业面板数据，实证检验了中国制造业对外直接投资对其结构升级的影响，得到以下的结论。

第一，通过对制造业全样本静态面板固定效应回归和动态面板系统 GMM 回归可知中国制造业进行对外直接投资能提高制造业结构层次系数，有利于技术密集型制造业的相对比重的提升，即对制造业的转型升级有促进作用。

第二，制造业分行业的子样本回归结果显示，制造业的对外直接投资规模越大越有利于技术密集型制造业产值比重的提高，即越有利于制造业的转型升级；制造业投资规模越大对劳动密集型和资本密集型的制造业的产值比重提高有阻碍作用。制造业分地区子样本回归结果显示，由于中国地区经济发展不平衡、对外直接投资区域差异明显、制造业结构水平的地区差异性，东部地区制造业进行对外直接投资有利于制造业的转型升级，然而对中西部地区的制造业却没有明显作用。

第六章 我国对外直接投资影响国内技术创新的实证分析

第五章不仅从三大产业结构角度分析了我国对外直接投资对产业之间高质量发展的影响，而且从产业内部结构角度分析了我国对外直接投资对产业内部高质量发展的影响。然而，产业发展的根本动力还是产业自主创新能力的提高。因此本章试图从技术创新视角选取某一行业具体分析我国对外直接投资对产业高质量发展的影响。高质量发展的制造业是实施国家发展战略有力的产业支撑，是创新成果向其他产业转化的助推器，是经济创新系统的核心，鉴于我国打造制造业强国和制造业高质量发展的目标，下文将讨论制造业的对外直接投资是否对产业技术创新有正向激励作用。

第一节　我国制造业对外直接投资影响国内技术创新的路径

当前，我国经济发展已由高速度增长迈向高质量发展阶段，《2019 年政府工作报告》中指出围绕推动制造业高质量发展，强化工业基础和技术创新能力，促进先进制造业和现代服务业融合发展，加快建设制造强国。技术自主研发是制造业转型升级的内在动力，是衡量制造业高质量发展的一个重要标准。制造业通过吸收对外直接投资引进的先进技术，形成符合本国发展阶段的技术创新能力，是实现中国经济高质量发展、制造业转型升级的一条可行性路径。当前，我国制造业面临人口红利消失、核心技术欠缺等问题。而制造业的对外直接投资有利于技术创新，有利于突破制造业发展的瓶颈：获取先进技术能直接提升研发能力，为适应国际市场需求间接促使企业技术研发，转移边际产业为具有优势的制造业产业研发提供更多资本和研发资源。制造业对外直接投资可通过以下路径实现对技术创新的影响。

（一）技术转移及人力资本流动

在东道国，发达国家具有国内某行业最具实力和技术领先的企业的产业集聚地，产业集聚地拥有政策支持、雄厚的资金及高科技人才。跨国公司通过跨国并购模式进入产业集聚地，获得被并购企业的核心技术、科研专业人员、前沿技术及研发方向；或者通过绿地投资模式雇佣东道国本地高科技人员，获取科研人员长期积累的知识、技术、经验等；或通过和多个东道国科研机构的合作，获得丰富的知识技术资源和大量的专业研发人员。在母国，跨国公司通过和母国公司的人员流动、技术交流提高母国企业研发人员的技术水平、为技术研发带来新的思路和方式，提高了母公司的技术研发水平和创新能力。

（二）示范—竞争效应

在东道国，制造业跨国公司通过对外直接投资利用空间便利条件与发达国家的领先企业及先进技术产生联系，在产品研发阶段能利用东道国的研发资源对其模仿创新研发新产品，而后为获取东道国更广阔的市场及保持母国企业在国内竞争的优势，必然不断加快改进技术水平、提高研发能力，加大对研发人员的培养，在增强企业自主研发能力的同时也提升了母公司的技术研发能力。在母国，跨国公司母公司在本国享有的先进技术在应用中通过技术转移、外溢甚至整个行业，促进整个行业技术研发水平的提升。母公司通过向子公司转移研发的新技术，对本国同行业企业市场竞争力构成威胁，迫使本国企业学习和模仿母公司的先进科学技术，加大高科技人员的培养和研发经费的投入，提高自身研发创新能力和产品技术复杂度，最终提升制造业行业技术研发水平。

（三）产业关联效应

在东道国，跨国公司嵌入东道国产业链需要与上下游企业紧密合作，并通过前向、后向关联获得企业直接或间接的溢出技术，产生产业关联效应。跨国公司为达到东道国下游客户的产品的质量、技术指标等标准，必须增加技术研发投入，提高产品的技术含量；跨国公司在与供应链伙伴合作的过程中，充分了解行业领先技术的动态，这有利于企业技术创新与市场实践相结合。在母国，母公司技术创新能力得到了提升，新技术通过与关联企业的垂直扩散，迫使国内母公司上下游企业积极通过各种方式提高自身技术创新能力，最终提高行业整体的研发能力。

（四）技术研发要素溢出效应

跨国公司通过向发达国家高新技术产业的直接投资，依托东道国已有的研发平台将研发人员、研发经费、研发信息等研发要素进行整合，降低母公司的研发成本，提高企业的研发效率。企业的研发水平和研发效率的提高终将带动行业的技术研发水平。

（五）资本反馈效应

跨国公司通过对发达国家对外直接投资，在获取市场和技术的同时节约研发成本，增加企业收入并返回母国企业，为企业的技术研发提供了资金保障；通过对发展中国家的对外直接投资转移相对劣势的行业、节约生产成本、分摊研发成本、提高企业利润，并将资本反馈回国内来增加研发投入，为具有优势的制造业提供了发展空间。

第二节　技术创新及其效率测算

一、技术创新的含义

创新是现代经济增长的核心。技术创新是产品发明、资金投入、机构建立、规划构建、开拓市场等一系列市场行为的集合体，其重心是新技术的研发与应用。余江和方新（2002）认为技术自主创新主要是依靠企业独立研发新的技术、提升新产品市场占有率，增强产品的市场竞争力。当然，新技术的研发不仅依靠企业自身技术能力提高，也可在引进、消化、吸收国外技术基础上进行自主研发和技术攻关，获得研发成果并使其商品化（陈劲，吴沧澜，景劲松，2004；杨德林，陈春宝，1997），技术资源在全球范围的配置有利于我国技术创新能力的提升。技术自主创新能力的提升不仅有利于提升区域知识转化为新产品、新工艺、新服务的能力，更有利于提升地区技术创新能力和技术竞争力（柳卸林，胡志坚，2002）。

技术创新是企业为满足追求最大化利润和市场需求，将研发经费、研发人员、科研机构等创新投入的生产要素进行重新组织和优化配置，为这一过程带来了创新成果，并实现了更高的生产效率。技术创新成果经济效益的实现依赖于多环节的协同合作和优良的市场环境，这些环节最终将带来行业技术创新水平的提高，推动制造业由粗放型发展转向集约型发展，以实现制造业转型升级和高质量的发展。因此，改变过去过度依赖生产要素数量为对生产要素质量的依赖，改变依赖国外技术为自主研发，以技术创新为驱动力实现产业高质量发展是中国产业发展的必然之路。

关于技术创新的测算，已有文献肯定了自主研发和专利之间的相关性，鉴于专利数据的可靠性、可获得性、区域标准一致性等特点，部分学者将每年申请的专利数量作为技术创新的知识产出和度量指标。李习保（2007）以发明专利申请量作为技术创新的度量指标分析我国地区创新能力差异的影响因素。但是，专利数量只是衡量了自主创新产出，并不能真实体现自主创新能力。一些学者则选择将新产品销售收入作为技术创新的绩效衡量，以反映创新成果的市场应用水平（朱有为，徐康宁，2006）。但是，只从单方面考虑创新能力存在一定的片面性，并未全面体现创新的质量和价值。于是，学者开始选用多指标测算综合评价技术创新质量。谢伟、胡玮、夏绍模（2008）通过测算各省的研发效率，考察了我国高新技术产业研发能力偏低、地区差异明显、研发投入冗余等问题。马永红、张景明、王展昭（2014）通过创新过程、产出、经济效益三个维度对我国高新技术产业的创新质量展开分析。许敏、谢玲玲（2012）测算了我国大中型企业的技术创新效率，对区域技术创新能力的差距展开分析，试图找出技术创新不足的原因。

二、技术创新效率

技术创新效率是实现技术创新过程中的投入与产出之比，是指在技术创新过程中一定研发投入的最大产出或者一定产出的最小研发投入。此后，学者们也展开了对技术创新效率的研究，认为技术创新是技术创新过程中各种研发要素投入转为产出的效率。

国外关于技术创新效率的研究主要从企业、产业、区域三个层面开展研究。从企业层面上，企业采取的创新策略有高度的一致性和外源性，外部创新来源带来的推动力对企业创新有巨大的推动作用，当企业自身技术满足自主研发条件时通常会选择自主研发，当企业自身技术不满足自主研发条件时则会选择外部创新资源。Mol（2005）认为企业的创新行为选择自主创新还是外部创新源推动，与企业的发展时间有一定关系，企业成立早期多是选择自主研发来实现技术创新，但企业发展成熟后，则多是以引入创新资源为主，且企业的创新强度与技术引进的规模呈正相关。从产业层面来看，Liu、Buck（2007）通过回归分析测量了高新技术产业技术创新受国际溢出效应的影响程度。Nasierowski、Arcelus（2003）测算出 45 个国家的技术创新效率，通过分析发现一个国家技术创新规模越大、资源配置越合理，国家的技术创新效率越高。

　　近年来，我国经济发展进入经济增长的转型阶段，技术创新作为经济增长的根本动能，成为国家发展战略的重要部分，国内学者亦深入对技术创新的研究。国内学者的研究方向也可以分为企业、产业、区域三个方面。从企业方面的研究成果来看，李建英、慕羊（2015）基于 DEA 方法分析了我国上市企业的创新绩效，结果表明我国上市企业中技术研发综合效率好的企业占比较低，企业资源配置和使用效率均存在问题。刘飒、万寿义、黄诗华等（2020）以中小型高新技术企业为研究对象，在剔除环境因素和随机干扰项的影响之后，测算了中小型高新技术企业的创新投入效率，发现环境因素和随机干扰项会使高新技术企业创新效率被高估，而改进后的规模报酬呈递增状态，因此，实现高新技术企业技术创新效率提升应扩大产业规模，增强创新投入力度，促进规模效益的形成。王新红、李拴拴（2020）以我国创新型企业为研究对象，采用 DEA 方法测算其技术创新效率，并对企业创新过多投入和产出不足的不合理情况进行分析，得出的结论是我国创新型企业纯技术效率限制了企业技术创新效率的提升。从产业方面的研究成果来看，孙文杰、沈坤荣（2009）从技术学习和产业的层面，采用随机前沿方法对我国大中型企业的技术效率进行测算检验，研究结果表明劳动密集型产业和中低档次的制造业企业创新效率较高，而研发资本密集的制造业技术创新效率反而较低。范德成、杜明月（2018）以高端装备制造业面板数据为样本，分析了高端装备制造业技术创新效率的影响因素，研究结论表明技术创新效率偏低阻碍了高端装备制造业的整体效率提升。从区域角度来看，张凡（2019）以我国东、中、西三个区域为研究对象，以研发效率和商业化效率衡量地区创新效率，研究结论显示研发效率和商业化效率均是东部最高，中部其次，西部最低，地区之间存在明显差异。王海龙、连晓宇、林德明（2016）基于绿色发展与经济增长理念，运用 DEA 方法测算我国各省的绿色技术创新效率，研究发现我国各省绿色技术创新效率呈现正向增长趋势，但是省际之间差异较大。

　　在整个技术创新过程之中，企业技术创新系统将投入不断地转换为产出。企业技术创新效率就是技术创新所得的产出与所投入的比例。企业技术创新效率的高低直接影响研发创新结果，技术创新率高，企业研发投入要素较少，研发资源和要素得到合理配置，研发产出仍较好，能够实现研发创新的目的；但若是技术创新率低，即使企业大量投入研发要素，这也是对研发资源和研发要素的浪费。

三、制造业技术创新效率的测算

鉴于现有文献分析制造业多是以全要素生产率（TFP）作为技术进步的度量，本节参考肖国东（2017）构建的技术创新能力评价体系，以技术研发的投入和产出作为一个完整的生产过程构造生产可能性集，再估计生产前沿面，最后用投入产出值与前沿面之间的距离表示技术效率。依据前沿面形状、随机误差和低效率值分布存在差异的假定，创新效率测算方法可以分为参数方法随机前沿生产法（SFA）和非参数方法数据包络分析法（DEA）两类。随机前沿分析法在预先构建生产前沿函数的基础上应用于多投入单产出的效率研究，数据包络分析法则适用于多投入多产出的效率研究。借鉴罗斯丹、袁滢欣（2018）对高新技术产业研发效率的测算方法，本节采用数据包络分析法（DEA）对制造业的技术创新效率进行测算。

为分析制造业对外直接投资逆向溢出是否能转化为技术研发能力促进制造业的转型升级及高质量发展，本节将制造业的技术研发的投入和产出作为生产决策单元，分析制造业的技术研发投入产出是否得到改善，技术创新能力是否提升。

（一）分析方法

数据包络分析法（DEA）是研究多投入多产出的决策单元有效性的效率评价方法，主要用来研究多种可能性的投入与产出集合，分析决策单元的有效性。数据包络分析法首先确定最优点，将最优点连接起来形成一条效率前沿的包络线，然后将所有决策单元的投入和产出反映在空间中。落在边界上的效率值确定为1，决策单元相对有效；不在边界上的效率值小于1，决策单元相对无效。对于制造业技术研发的投入与产出过程而言，可以技术研发的生产可能性集作为决策单元，来描述多种可能性的投入与产出集合，技术研发的投入和产出向量分别为 x、y，$x \in T_d$，$y \in T_p$，生产可能性集合可表示为：$\Psi = \{(x, y) \in T_{d+p}: x \text{ can produce } y\}$，其中，$T_d$ 为技术研收投入，T_p 为技术研发产出，T_{d+p} 为技术研发投入与产出的生产可能性集合。

基于技术研发投入产出的生产可能性集合，根据经济生产单位效率的定义，采用截面数据计算且考虑效率不随时间变动的技术创新效率 te 可表示为：

$te = x^*/x = \theta(x, y)$，$te = y/y^* = 1/\lambda(x, y)$。其中 $\theta(x, y)$ 表示技术研发产出既定的情况下，技术研发投入最小的向量；$\lambda(x, y)$ 表示技术研发投入既定情况下，技术研发产出向量的最大值。

考虑时间因素对投入产出生产可能性集合的影响，采用将 DEA 与 Malmquist 指数方法相结合来测算制造业技术创新生产率（tp），并由此来测算技术创新效率变化指数（$teff$）。根据 Caves 于 1982 年提出的方法，计算公式如下：

$$M_i(x_{t+1}, y_{t+1}, x_t, y_t) = \left[\frac{D_i^t(x_t, y_t)}{D_i^t(x_{t+1}, y_{t+1})} \times \frac{D_i^{t+1}(x_t, y_t)}{D_i^{t+1}(x_{t+1}, y_{t+1})} \right]^{\frac{1}{2}}$$

$$(6-1)$$

式（6-1）中，以 t 时期的技术研发投入为参照，反映了 t 时期到 $t+1$ 时期技术研发生产率的变化情况。若该值大于 1，表示从 t 时期到 $t+1$ 时期技术研发生产率呈正向增长，效率得到提高；若该值等于 1，表示从 t 时期到 $t+1$ 时期技术研发生产率不变，效率没有发生改变；若该值小于 1，表示从 t 时期到 $t+1$ 时期技术研发生产率呈现下降趋势，效率呈反向下降趋势。在规模报酬不变的假定下，技术创新生产率可以分解成两部分，技术创新技术变动指数（tec）和技术创新效率变化指数（$teff$），即：

$$M_i(x_{t+1}, y_{t+1}, x_t, y_t) = \frac{D_i^t(x_t, y_t)}{D_i^{t+1}(x_{t+1}, y_{t+1})} \times \left[\frac{D_i^{t+1}(x_{t+1}, y_{t+1})}{D_i^{t+1}(x_{t+1}, y_{t+1})} \times \frac{D_i^{t+1}(x_t, y_t)}{D_i^t(x_t, y_t)} \right]^{\frac{1}{2}}$$

$$(6-2)$$

式（6-2）中前半部分表示技术创新效率变化指数（$teff$），后半部分为技术创新技术变动指数，因此可以定义技术创新生产率＝技术创新效率变化指数×技术创新技术变动指数。

（二）数据说明

本书基于 2008—2016 年中国制造业省级面板数据（未包含西藏自治区及港澳台地区数据）测算技术创新，包括产出要素和投入要素。选取为制造业研发人员全时当量作为人力投入，将制造业研发经费内部支出作为资本投入，制造业专利申请数及有效发明专利数作为知识产出、制造业新产品销售收入作为经济产出，并对制造业研发经费内部支出和新产品销售收入进行工业价格指数平减。

（三）测算结果

本书通过 DEA 软件，测算了 2008—2016 年中国各省市自治区技术创新效率（te）、技术创新生产率（tp）、技术创新效率变化指数（teff），测算结果见表6-1。由表6-1可知，技术创新效率是浙江、重庆、海南、上海的均值较领先，而青海、山西、黑龙江的均值较靠后。技术创新生产率的均值则是北京、辽宁、安徽较高，吉林、上海、海南的制造业技术创新效率变化指数的均值较高。从2008—2016年我国技术创新的趋势图可以看出，代表技术创新效率的三个指标均呈波动上升趋势，但是上升速度和幅度比较缓慢，这意味着近年来我国技术创新效率的提升幅度较小，技术创新能力较弱。

表6-1　测算结果均值

地区	te	tp	$teff$	地区	te	tp	$teff$
北京	0.676	1.181	1.077	河南	0.441	1.076	1.006
天津	0.772	0.972	1.116	湖北	0.462	1.118	1.000
河北	0.370	1.081	1.012	湖南	0.650	1.144	1.051
山西	0.271	1.111	1.104	广东	0.724	1.076	1.017
内蒙古	0.298	1.006	1.013	广西	0.604	1.021	1.043
辽宁	0.437	1.201	1.120	海南	0.898	1.339	1.339
吉林	0.735	1.090	1.200	重庆	0.911	1.011	0.994
黑龙江	0.255	1.066	1.073	四川	0.520	1.122	1.054
上海	0.781	1.049	1.246	贵州	0.568	1.183	1.084
江苏	0.557	1.157	1.054	云南	0.451	1.128	1.049
浙江	0.801	1.063	1.018	陕西	0.322	1.087	1.038
安徽	0.700	1.214	1.054	甘肃	0.435	1.169	0.966
福建	0.512	1.033	1.101	青海	0.331	1.173	1.084
江西	0.385	1.099	1.074	宁夏	0.431	1.254	1.011
山东	0.522	1.044	1.069	新疆	0.555	1.157	1.011

数据来源：表中数据由笔者计算所得。

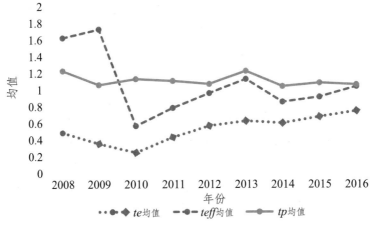

图 6-1　2008—2016 年我国技术创新的趋势图

第三节　制造业对外直接投资影响国内技术创新的实证分析

一、模型的建立

　　基于以上的理论分析可知，制造业对外直接投资对行业技术水平提升、研发能力提高会产生促进作用，本节基于技术创新视角分析制造业的对外直接投资对制造业发展质量的影响。

$$IE_{it} = a_0 + a_1 ln\,ofdi_{it} + a_2 ln\,fdi_{it} + a_3 ln\,rd_{it} + a_4 ln\,kl_{it} +$$
$$a_5 ln\,ex_{it} + a_6 ln\,gov_{it} + a_7 ln\,ofdi_{it} ln\,rd_{it} + \mu_i + \varepsilon_{it} \qquad (6-3)$$

$$IE_{it} = \beta_0 + \beta_1 ln\,ofdi_{it} + \beta_2 ln\,fdi_{it} + \beta_3 ln\,hc_{it} + \beta_4 ln\,kl_{it} +$$
$$\beta_5 ln\,ex_{it} + \beta_6 ln\,gov_{it} + \beta_7 ln\,ofdi_{it} ln\,hc_{it} + \mu_i + \varepsilon_{it} \qquad (6-4)$$

式中，i 表示省份，t 表示年份，μ_i 表示不可观测的个体效应，ε_{it} 表示随机扰动项。IE_{it} 表示技术创新，$ln\,ofdi_{it}$ 为制造业对外直接投资指数，$ln\,fdi_{it}$ 为制造业外商直接投资指数，$ln\,rd_{it}$ 为制造业研发投入指数，$ln\,hc_{it}$ 为制造业人力资本指数，$ln\,kl_{it}$ 为制造业资本与劳动比指数，$ln\,ex_{it}$ 为制造业出口水平指数，$ln\,gov_{it}$ 为政府支出指数，$ln\,ofdi_{it} ln\,rd_{it}$ 为制造业对外直接投资通过研发投入产生的效应、$ln\,ofdi_{it} ln\,hc_{it}$ 为制造业对外直接投资通过人力资本产生的效应。式（6-3）反映了中国制造业对外直接投资在地区研发资本的调节作用下对技术创新的影响，式（6-4）反映了中国制造业对外直接投资在地区人力资本的调节作用下对技术创新的影响。

二、变量的选取

本节选取的是 2008—2016 年中国制造业三十个省份的面板数据，西藏自治区和港澳台等地区因数据缺失未包含其中。中国的经济发展存在明显的区域不平衡，为检验制造业对外直接投资对产业结构升级效率可能存在的区域差异，本书将全样本分为东部地区和中西部地区，其中东部地区包括北京、天津、河北、辽宁、上海、江苏、浙江、福建、山东、广东、广西和海南，其余省（市、自治区）归为中西部地区。

（一）被解释变量

被解释变量为技术进步，选取前文测算的未考虑时间变动对技术效率变化影响的技术创新效率（te）作为效率的静态值，用 Malmquist 指数反映随时间变化的技术创新生产率（tp）以及分解出来的技术创新效率变化指数（$teff$）（技术创新生产率是技术创新技术变化指数与技术创新技术效率变化指数的乘积）作为效率的动态值，以上三个值作为技术创新的评价指标。

（二）其他解释变量选取

1. $lnofdi_{it}$ 为制造业对外直接投资指数

$$lnofdi_{it} = \ln ofdi_{it}$$

式中，$ofdi_{it}$ 表示 i 省份 t 年制造业对外直接投资。为衡量对外直接投资，韩先锋、惠宁、宋文飞（2018）采用对外直接投资存量与国民收入的百分比表示。本书选取各省份对外直接投资流量，由于无省级制造业对外直接投资流量数据，本书以制造业出口交货值占总出口交货值比值与各省对外直接投资流量的乘积计算制造业对外直接投资流量，按当年汇率换算成人民币，再按工业出厂价格指数平减。

2. $lnfdi_{it}$ 为制造业外商直接投资指数

$$lnfdi_{it} = \ln fdi_{it}$$

式中，fdi_{it} 表示 i 省份 t 年制造业外商直接投资。由于数据限制，以制造业出口交货值占总出口交货值比值与各省外商企业投资总额的乘积计算制造业外商直接投资，再按工业出厂价格指数平减。

3. $lnhc_{it}$ 为制造业人力资本指数

$$lnhc_{it} = \ln hc_{it}$$

式中，hc_{it} 表示 i 省份 t 年制造业的人力资本。为衡量行业人力资本，采用行业研发人员全时当量除以行业全部从业人员年平均人数来反映。以各省制造业研发人员全时当量与制造业全部从业人员平均人数的比值来表示人力资本。

4. $lnrd_{it}$ 为制造业研发投入指数

$$lnrd_{it} = \ln rd_{it}$$

式中，rd_{it} 表示 i 省份 t 年制造业的研发投入。为衡量研发资本，以各省制造业科技活动内部经费支出与主营业务收入的比值来表示制造业研发投入。

5. 对外直接投资技术溢出

以研发投入 rd、人力资本 hc 与对外直接投资 $ofdi$ 交互项表示，$lnofdilnrd$ $= \ln ofdi \times \ln rd$，$lnofdilnhc = \ln ofdi \times \ln hc$。

6. $lnex_{it}$ 为制造业出口水平指数

$$lnex_{it} = \ln ex_{it}$$

式中，ex_{it} 表示 i 省份 t 年制造业的出口水平指数。一般以出口额与产出比值表示，本书以各省制造业出口交货值与行业总销售值的比值衡量出口水平。

7. $lnkl_{it}$ 为制造业资本与劳动比指数

$$lnkl_{it} = \ln kl_{it}$$

式中，kl_{it} 表示 i 省份 t 年制造业的资本与劳动比。资本存量与就业人数之比。本书以各省制造业固定资产存量表示资本，固定资产存量测算用永续盘存法核算并用工业出厂价格指数平减。固定资产存量的计算公式为：$K(t) = (1 - \delta)K(t-1) + I(t)$，其中 $K(t)$ 为 t 年各省份固定资产投资存量，$I(t)$ 为 t 年各省固定资产投资量，$K(t-1)$ 为 $(t-1)$ 年各省份固定资产投资存量，δ 为资产折旧率。本书通过计算得出各省份固定资产折旧率为 9.6%，设定 2003 年为基期，初始年份存量 $K(2003) = I(2003)/g + \delta$，其中 g 为固定资产投资年均几何增长率，δ 为资产折旧率，本书选取 $(g + \delta)$ 为 10%，即 $K(2003) = I(t)/10\%$。就业人数选取各省制造业全部从业人员平均人数表示。

8. $lngov_{it}$ 为政府支出水平指数

$$lngov_{it} = \ln gov_{it}$$

式中，gov_{it} 表示 i 省份 t 年政府支出水平。以各省政府财政一般预算支出与各省地区生产总值之比表示政府支出水平。

变量描述性统计结果见表 6-2。

表 6−2　变量描述性统计结果

变量	样本数	均值	标准差	最小值	最大值
te	270.000	0.528	0.268	0.080	1.000
$teff$	270.000	1.069	0.476	0.320	5.070
tp	270.000	1.114	0.335	0.390	4.860
$lnofdi$	270.000	4.909	2.787	−4.947	10.922
$lnfdi$	270.000	−1.491	2.581	−8.63	3.346
$lnhc$	270.000	−3.152	0.462	−4.096	−1.285
$lnrd$	270.000	−4.453	0.523	−5.691	−2.299
$lnex$	270.000	−2.978	1.048	−6.669	−0.978
$lnkl$	270.000	−0.291	0.621	−1.880	1.181
$lngov$	270.000	−1.372	0.571	−2.437	−0.067
$lnofdilnrd$	270.000	−21.353	12.009	−44.564	23.050
$lnofdilnhc$	270.000	−15.166	8.992	−36.073	16.718

数据来源：表中数据由笔者计算所得。

三、实证结果分析

（一）全样本实证分析

为从总体考察制造业对外直接投资对技术创新的影响，技术创新的效率值 IE_{it} 选取未考虑时间变动影响的技术创新效率 te 以及技术创新生产率 tp 分别对样本静态面板估计，制造业对外直接投资对技术创新的直接效应以及基于人力资本、研发投入两方面对技术创新的调节效应，F 统计量和 Hausman 检验结果支持采用固定效应模型的估计结果（见表 6−3）。表 6−3 中（1）（2）列是研发资本代表的地区吸收能力调节作用下制造业对外直接投资对技术创新的影响，（3）（4）列是在人力资本代表的地区吸收能力调节作用下制造业对外直接投资对技术创新的影响。由表 6−3 可知 $lnofdi$ 及交互项 $lnofdilnrd$ 的系数分别在 10%、1% 的显著性水平下为正，表明制造业的对外直接投资对行业的技术创新效率及技术创新生产率有明显的正向促进效应。通过增加地区研发投入，能提升地区技术吸收能力，也有利于对外直接投资对技术创新效率的提升。我国制造业对外直接投资对我国技术研发的促进作用受到我国研发资本存量的影响，制造业研发投入越多，对先进技术的学习和消化吸收能力越强，越有利于自主研发，越有利于技术创新效率及技术创新生产率的提高。$lnofdi$、交互项 $lnofdilnhc$ 的系数分别在 5%、1% 的显著性水平下为正，表明制造业的对外直接投资在人力资本的调节效应下对技术创新仍有显著的推动作用，与行业的技术创新效率及技术创新生产率呈显著正相关，即我国制造业对外直接投资对我国技术创新的作用受到我国人力资本的影响，人力资本水平越高，越易于接纳、学习、吸收国外的先进知识和技术，越有利于科研进步，对外直接投资对技术创新能力的提升作用越大。由表 6-3 横向比对含交互项发现，技术创新生产率系数比技术创新效率系数大，表示在国内研发资本及人力资本的调节作用下，制造业对外直接投资对技术创新生产率的促进作用大于对技术创新效率的作用。

表6-3　全样本固定效应模型估计结果

变量	(1)	(2)	(3)	(4)
$lnofdi$	0.0896*	0.4740***	0.0879**	0.2920***
	(0.0516)	(0.1090)	(0.0394)	(0.0833)
$lnfdi$	0.1660***	0.1470*	0.1490***	0.2070**
	(0.0383)	(0.0809)	(0.0377)	(0.0798)
$lnrd$	0.0267	−1.1070***	—	—
	(0.0886)	(0.1870)		
$lnhc$	—	—	−0.1060	−1.0450***
			(0.0862)	(0.1820)
$lnkl$	0.0854**	0.1410*	0.1030**	0.1890**
	(0.0365)	(0.0772)	(0.0422)	(0.0893)
$lnex$	−0.1580***	−0.0332	−0.1490***	−0.0920
	(0.0470)	(0.0994)	(0.0462)	(0.0976)
$lngov$	−0.1420***	0.0423	−0.1420***	0.0522
	(0.0188)	(0.0397)	(0.0191)	(0.0403)
$lnofdilnrd$	0.0181*	0.1250***	—	—
	(0.0106)	(0.0224)		
$lnofdilnhc$	—	—	0.02290**	0.1200***
	—	—	(0.0110)	(0.0233)

续表

变量	(1)	(2)	(3)	(4)
_cons	0.1990	-3.2610^{***}	-0.2780	-1.6290^{**}
	(0.4160)	(0.8790)	(0.2990)	(0.6330)
N	270.0000	270.0000	270.0000	270.0000
R	0.5560	0.2920	0.5500	0.2820
F 统计值	41.6400	13.7400	14.3500	2.1900
Hausman 检验	30.1200	40.6700	28.7100	44.4400
	(0.0002)	(0.0000)	(0.0004)	(0.0000)

注：* 表示 $p<0.10$，** 表示 $p<0.05$，*** 表示 $p<0.01$，括号内为统计量。

数据来源：表中数据由笔者计算所得。

（二）全样本动态面板实证分析

考虑到对外直接投资对技术创新的影响是动态变化的过程，技术创新能力的变化受到上一期技术创新效率的影响，本节选取由受时间影响变动的技术进步生产率分解出来的技术创新效率变化指数（$teff$）作为技术创新的衡量指标，将技术创新的滞后项作为回归模型中的解释变量，并使用动态面板回归模型估计在研发投入和人力资本的调节下制造业的前一期技术创新能力、对外直接投资额对技术创新效率变化指数的影响。根据上述分析，构建如下动态模型：

$$IE_{it} = a_0 + a_1 lnofdi_{it} + a_2 lnfdi_{it} + a_3 lnrd_{it} + a_4 lnkl_{it} + a_5 lnex_{it} +$$
$$a_6 lngov_{it} + a_7 lnofdi_{it} lnrd_{it} + a_8 ln(L.IE)_{it} + \mu_i + \varepsilon_{it} \qquad (6-5)$$

$$IE_{it} = \beta_0 + \beta_1 lnofdi_{it} + \beta_2 lnfdi_{it} + \beta_3 lnhc_{it} + \beta_4 lnkl_{it} + \beta_5 lnex_{it} +$$
$$\beta_6 lngov_{it} + \beta_7 lnofdi_{it} lnhc_{it} + \beta_8 ln(L.IE)_{it} + \mu_i + \varepsilon_{it} \qquad (6-6)$$

本节选用动态面板差分 GMM 和系统 GMM 对式（6-5）（6-6）进行回归分析，并得到实证结果见表 6-4。由表 6-4 显示可知，Arellano-Band 自相关检验显示扰动项不存在二阶自相关，接受扰动项无自相关的原假设，同时过度识别检验 Sargan 结果不能拒绝原假设，检验结果显示采用差分 GMM 和系统 GMM 实证结果稳健。

据 GMM 回归分析，表 6-4 中（1）（2）列为差分 GMM 回归分析结果，（3）（4）列为系统 GMM 回归分析结果。表中技术创新效率的一阶滞后项 ln（$L.IE$）均在 1% 的显著性水平系数均为正，即制造业当期技术创新能力受上一期的技术创新能力的影响，均呈正相关，表示上一期的技术创新能力提高对当期技术创新提升有促进作用。含有人力资本方程中，$lnofdi$ 系数显著为正，表明对外直接投资规模越大，技术创新效率变化指数越高，对外直接投资与技术创新效率变化指数正相关，制造业进行对外直接投资活动通过研发人员交流、研发模式、研发要素等因素的方式，对企业的技术创新有提升作用，制造业对外直接投资与人力资本的交互项在 5% 的显著性水平为正，这表示增加国内制造业人力资本投入，加大研发人员培养，提升科研人员的技术水平，有利于快速学习、吸收通过对外直接投资引进的先进技术并提高研发能力，有利于制造业对外直接投资对技术创新的正向促进作用实现。由对外直接投资与控制变量研发投入及其交互项的估计结果可知 $lnofdi$ 系数显著为负，制造业对外直接投资对技术创新效率的变化指数呈负相关，制造业对外直接投资对技术创新效率有阻碍作用；制造业对外直接投资与研发投入的交互项系数为负，且通过了 1% 的显著性检验，表明通过加大制造业研发投入，阻碍了制造业对外直接投资对技术创新效率变化指数的提升作用。这种结果可能的原因是本节选取技术创新效率变化指数表示技术创新，技术创新效率变化指数不仅受到技术进步和创新的影响，同时受到管理层决策、制度、分工的影响对技术研发变动的影响，通过增加研发投入影响对外直接投资对技术创新效率变化指数变动需要一定的回报周期。

表6-4　动态面板回归结果

变量	(1)	(2)	(3)	(4)
L.IE	0.390***	0.401***	0.415***	0.445***
	(18.100)	(17.030)	(25.530)	(31.790)
lnofdi	−0.453***	0.125***	−0.382***	0.167***
	(−3.660)	(2.630)	(−4.320)	(3.530)
lnfdi	−0.227***	−0.463***	−0.287***	−0.337***
	(−7.160)	(−6.700)	(−14.100)	(−25.270)
lnrd	1.102***	—	1.004***	—
	(5.920)	—	(9.490)	—
lnex	0.213***	0.480***	0.337***	0.454***
	(4.530)	(6.380)	(9.880)	(12.170)
lnkl	−0.011	0.342***	0.013	0.067***
	(−0.350)	(4.200)	(0.620)	(3.160)

变量	(1)	(2)	(3)	(4)
lngov	−0.624***	−0.653***	−0.606***	−0.642***
	(−26.330)	(−34.250)	(−27.110)	(−48.390)
lnofdilnrd	−0.101***	—	−0.090***	—
	(−3.720)	—	(−4.700)	—
lnhc	—	−0.558***	—	−0.323***
	—	(−4.530)	—	(−3.500)
lnofdilnhc	—	0.0343**	—	0.0347**
	—	(2.290)	—	(2.260)
_cons	5.024***	−1.343***	4.767***	−0.753***
	(5.430)	(−3.630)	(8.870)	(−3.280)
Sargan test	0.033	0.035	0.217	0.218
AR (2)	0.783	0.160	0.801	0.191
wald chi2	1297.180	1801.140	2348.520	8806.920

注：* 表示 $p<0.10$，** 表示 $p<0.05$，*** 表示 $p<0.01$，括号内为为统计量。

数据来源：表中数据由笔者计算所得。

（三）分地区制造业样本的实证结果与分析

我国东部地区制造业对外直接投资具有规模大、制造业结构较为合理、研发资金和科研人员丰富的优势，地区吸收能力较强，而中西部地区较落后，基于东部和中西部地区的异质性，本书以省份所处的经济带划分标准，将总样本划分为东部地区和中西部地区两组，选取技术创新生产率 Malmquist 指数衡量技术创新的效率值，对两组样本进行固定效应模型的静态估计。

表 6-5 中 (1)(2) 列东部地区 *lnofdi* 在 1% 的显著性水平系数为正，且通过 1% 的显著性检验。这表明东部地区制造业对外直接投资对以技术创新生产率衡量的技术创新能力都有明显的促进作用。增加研发投入、提高人力资本、增强东部地区制造业技术吸收能力，有利于制造业吸收、学习、创新对外直接投资带来的先进技术，提高自主研发能力，最终实现东部地区制造业质的转变和高质量的发展。表 6-5 显示了中西部地区含研发投入的方程 *lnofdi* 系数为正但不显著，即对外直接投资增加对技术创新效率无明显作用，含有人力资本变量的方程 *lnofdi* 系数为正且通过 5% 的显著性检验，表明对外直接投

资对技术创新的效率有正向促进作用，$lnofdilnhc$ 系数为正且通过 10% 的显著性检验，$lnofdilnrd$ 系数为正但不显著，即中西部地区制造业增加科技人员的比例有利于实现对外直接投资对技术创新能力提升的促进作用，但是增加研发投入，并不能有效促进对外直接投资对技术创新能力的提升。形成上述回归结果的原因可能是东部地区相对开放较早、对外开放程度较高，对外直接投资规模和资本外流规模大，多是为寻求国外广阔的市场和先进技术，通过增加研发投入和研发人员比例，能将通过对外直接投资的技术溢出吸收并形成研发能力，提高企业的技术创新能力，而中西部地区对外直接投资规模小且多是出于效率和战略资产动机，对外直接投资多分布在劳动密集型产业，增加研发资本投入并不能提升对外直接投资的溢出效应对行业技术创新的促进作用。

表 6-5　分地区样本估计结果

变量	东部地区		中西部地区	
	(1)	(2)	(3)	(4)
$lnofdi$	0.457***	0.280**	0.186	0.316*
	(3.070)	(2.590)	(0.820)	(1.850)
$lnfdi$	0.262**	0.304***	−0.110	−0.054
	(2.300)	(2.740)	(−1.060)	(−0.520)
$lnrd$	−1.172***	—	−0.581**	—
	(−3.950)	—	(−2.370)	—
$lnkl$	0.311***	0.375***	0.095	0.053
	(2.650)	(2.750)	(1.010)	(0.480)
$lnex$	−0.220	−0.304	0.183	0.116
	(−1.070)	(−1.640)	(1.500)	(0.940)
$lngov$	0.091**	0.098**	0.035	0.046
	(2.030)	(2.210)	(0.610)	(0.780)
$lnofdilnrd$	0.150***	—	0.038	—
	(5.250)	—	(0.800)	—
$lnhc$	—	−1.313***	—	−0.553**
	—	(−5.060)	—	(−2.270)
$lnofdilnhc$	—	0.152***	—	0.091*
	—	(5.360)	—	(1.870)

变量	东部地区		中西部地区	
	(1)	(2)	(3)	(4)
_cons	-3.061^{**}	-2.180^{***}	-1.190	-0.439
	(-2.470)	(-2.850)	(-0.960)	(-0.470)
F 统计值	28.530	29.230	1.230	1.070
R	0.692	0.697	0.059	0.052

注：* 表示 $p<0.10$，** 表示 $p<0.05$，*** 表示 $p<0.01$，括号内为统计量。

数据来源：表中数据由笔者计算所得。

（四）稳健性检验

为考察本书估计结果的稳健性，本节改变对外直接投资的测度指标，即选取各省制造业对外直接投资存量数据（测算方法同制造业对外直接投资流量）。为保持结果稳健，用各省制造业对外直接投资存量作为解释变量，对代表技术创新的技术创新效率（te）、技术创新生产率（tp）进行含有研发投入和人力资本交互项的静态固定效应模型估计和对技术创新效率变化值进行动态差分GMM、系统 GMM 的估计，估计结果与前文估计结果一致，表明估计结果不受变量选取的影响，说明估计结果稳健（见表 6-6）。

表 6-6　稳健性检验结果

变量	FE1	FE2	FE3	FE4	差分 GMM1	差分 GMM2	系统 GMM1	系统 GMM2
L. IE	—	—	—	—	0.380^{***}	0.340^{***}	0.400^{***}	0.450^{***}
	—	—	—	—	(0.021)	(0.026)	(0.014)	(0.018)
lnofdi	0.139^{**}	0.113^{**}	0.304^{**}	0.208^{**}	-0.547^{***}	-0.229^{***}	-0.461^{***}	0.184^{***}
	(0.080)	(0.044)	(0.134)	(0.095)	(0.118)	(0.039)	(0.063)	(0.050)
lnfdi	0.138^{***}	0.128^{***}	0.261^{***}	0.291^{***}	-0.187^{***}	-0.315^{***}	-0.248^{***}	-0.374^{***}
	(0.046)	(0.040)	(0.095)	(0.087)	(0.052)	(0.062)	(0.020)	(0.023)
lnrd	-0.0732	—	-1.049^{***}	—	1.377^{***}	0.704^{***}	1.201^{***}	—
	(0.164)	—	(0.245)	—	(0.207)	(0.138)	(0.103)	—
lnkl	0.070	0.076^{*}	0.145^{*}	0.286^{***}	0.003	0.255^{***}	0.0610^{**}	0.032
	(0.048)	(0.045)	(0.087)	(0.098)	(0.031)	(0.070)	(0.020)	(0.052)

续表

变量	FE1	FE2	FE3	FE4	差分 GMM1	差分 GMM2	系统 GMM1	系统 GMM2
lnex	−0.149***	−0.149***	−0.125	−0.129	0.201***	0.389***	0.346***	0.463***
	(0.051)	(0.046)	(0.104)	(0.099)	(0.048)	(0.073)	(0.046)	(0.031)
lngov	−0.145***	−0.145***	0.0318	0.0420	−0.620***	−0.616***	−0.597***	−0.641***
	(0.017)	(0.019)	(0.042)	(0.041)	(0.023)	(0.019)	(0.019)	(0.015)
lnofdilnrd	0.025**	—	0.0979***	—	−0.117***	—	−0.099***	—
	(0.016)	—	(0.027)	—	(0.026)	—	(0.015)	—
lnhc	—	−0.154	—	−1.228***	—	—	—	−0.309***
	—	(0.104)	—	(0.226)	—	—	—	(0.110)
lnofdilnhc	—	0.024**	—	0.116***	—	−0.054***	—	0.033**
	—	(0.012)	—	(0.027)	—	(0.0084)	—	(0.014)
_cons	−0.405	−0.626*	−2.669**	−1.598**	6.448***	4.101***	6.007***	−0.977***
	(0.825)	(0.370)	(1.220)	(0.802)	(1.092)	(0.859)	(0.552)	(0.304)
Sargan test	—	—	—	—	0.032	0.041	0.213	0.201
AR (2)	—	—	—	—	0.770	0.624	0.657	0.181
F 统计值	42.460	41.400	3.230	11.170	1541.280	3591.140	7097.990	6955.750
Hausman 检验	25.490	26.870	38.690	48.950	—	—	—	—
	(0.001)	(0.001)	(0.000)	(0.000)	—	—	—	—

注：* 表示 $p<0.10$，** 表示 $p<0.05$，*** 表示 $p<0.01$，括号内为统计量。

数据来源：表中数据由笔者计算所得。

第四节　本章小结

本章基于吸收能力的调节作用研究中国制造业对外直接投资对以技术创新效率衡量的技术创新的影响。本章先从理论层面分析中国制造业对外直接投资对以技术创新效率为核心的技术创新的影响途径，并结合我国 2008—2016 年省级制造业面板数据，实证检验了我国对外直接投资对技术创新效率的影响，得到以下的结论。

基于全要素生产率测算的 DEA-Malmquist 指数方法，对我国各省制造业技术创新效率、技术创新生产率、技术创新效率变动指数进行测算，结论显示经济较发达的城市技术创新的效率较高，自主研发能力较强。

通过对制造业静态面板的固定效应模型实证检验，得出我国制造业对外直接投资对提升技术创新有促进作用，通过提高吸收能力可以促进对外直接投资对技术创新能力的提升作用。我国制造业对外直接投资对以技术研发能力衡量的技术创新效率产生正向的推动作用，通过加大科研投入、增加科研人员占比产生的调节作用，能提升制造业对外直接投资对技术创新效率的促进作用；分地区子样本的结果显示东部地区对外直接投资能推动技术创新的效率提升，通过人力资本、研发投入增强地区吸收能力，更有利于制造业对外直接投资规模发挥对技术创新的促进作用，而中西部地区由于制造业对外直接投资规模小，产业结构和科研人员结构不合理，对外直接投资对技术创新提升作用较弱，制约了对外直接投资对技术创新的提升作用；相对于研发资金的投入，科研人员增加更能促进对外直接投资的技术创新效应的实现、制造业技术创新能力提高，实现制造业高质量的发展。

基于制造业动态面板回归模型的结果表明：滞后一期的技术创新与当期技术创新呈正相关，这说明前期的技术创新直接与当期技术创新同方向变化；考虑制造业人力资本投入，我国制造业对外直接投资额增加能提升以技术创新效率变化指数衡量的技术创新，增加制造业的人力资本、提高地区的吸收能力，有利于对外直接投资对制造业技术创新能力的提升；考虑制造业研发资本投入，受管理层决策等因素和投资回报滞后性的影响，制造业研发投入的增加会阻碍当期对外直接投资对技术创新的推进。

第七章　我国对外直接投资影响企业绩效的实证分析

影响企业绩效的外部因素主要有市场竞争、产权制度、产业组织等。市场竞争对企业绩效具有显著影响，市场竞争越激烈，企业提高效率付出的努力就越大；战略联盟对企业绩效具有显著的提升作用。而内部因素主要包括企业国际化水平、人力资本、市场利润等。

对外直接投资是跨国公司获取战略资产、寻求自然资源、开发市场、提升技术水平的方式，在全球经济增长动力不足、国际形势瞬息万变的背景下，对外直接投资对企业绩效的影响关系到跨国投资的质量和效率。国内外学者从宏观和微观两个层面对二者的关系进行了研究，因研究视角、模型构建、数据选择的不同，学者对对外直接投资与企业绩效的关系尚未形成统一结论。从宏观角度看，对外直接投资可以有效促进国内经济结构变化、产业结构调整，加快投资我国的产业升级、提高产业竞争力（李逢春，2012），且能对我国产生明显的贸易创造效应。从微观角度看，对外直接投资有利于企业提升技术水平、提高生产效率（蒋冠宏，蒋殿春，2014）。但是，也有研究发现对外直接投资对企业绩效的影响不显著。从企业收益率来看，我国对外直接投资质量并不高。在投资初期，由于不熟悉东道国政治、经济、社会环境，将产生较大的投资风险，影响跨国公司企业绩效。

现有文献较少从微观角度研究对外直接投资对企业绩效的影响，且未形成共识。为此，本章基于我国上市公司微观数据，研究对外直接投资与企业绩效之间的关系及对外直接投资经营经验对于企业绩效的影响，并对比分析了"一带一路"与非"一带一路"沿线国家的对外直接投资企业经营绩效，探讨对外直接投资如何提升企业绩效，分析从企业视角对外直接投资如何影响国内产业质量提升。

第一节　样本数据与来源

本研究的财务数据主要来自国泰安上市公司数据库，考虑到企业数据的可得性和真实性，本研究筛选出 2008—2016 年沪市 A 股上市公司为研究样本，并对初始样本进行如下处理：一是剔除金融行业企业样本；二是剔除特别处理股票和退市预警股票等企业样本，避免财务困境等因素影响本研究实证结果；三是剔除无形资产、固定资产投资值等关键变量缺失的企业样本；四是将境外投资企业与沪市 A 股上市公司名单进行匹配。由此，得到 2008—2016 年非平衡面板数据，含有 784 家上市公司，样本量 7057 个。

对外直接投资通过各种途径带来企业绩效的提升，也将通过投资风险给企业经营带来损失，为全面考察对外直接投资行为对企业绩效的影响，本研究构建面板数据模型为：

$$EP_{it} = \alpha_{it} + \beta_1\,OFDI_{it} + \beta_j\,X_{jit} + \varepsilon_{it} \qquad (7-1)$$

式中，EP_{it} 为第 i 企业第 t 年的企业绩效，分别使用主营业务收入增长率（IGR_{it}）、总资产利润率（POA_{it}）和全要素生产率（TFP_{it}）进行衡量。$OFDI_{it}$ 为对外直接投资行为，第 i 家企业第 t 年存在对外直接投资行为，则该变量赋值为 1，否则为 0。X_{jit} 为影响企业绩效的一系列控制变量，包括企业固定资产投资（FXA_{it}）、无形资产（INT_{it}）、净利润（PFT_{it}）等。

上述模型考察了对外直接投资行为给企业绩效带来的短期影响，为考察 $OFDI$ 对企业绩效的长期影响，本研究以对外直接投资经验为自变量，构建面板数据模型为：

$$EP_{it} = \alpha_{it} + \beta_1\,EPC_{it} + \beta_j\,X_{jit} + \varepsilon_{it} \qquad (7-2)$$

式中，EPC 为对外直接投资经验，以往开展过对外直接投资活动的企业，该指标赋值为 1，否则为 0；其他变量含义与式（7-1）相同。

第二节　变量说明

主营业务收入增长率（IGR_{it}）：该指标全面体现了企业经营绩效的情况，是企业成长能力的综合反映。通常情况下主营业务收入增长率越高，企业市场拓展能力越强，市场占有率也越高，对企业成长能力促进作用越强。

总资产净利润率（POA_{it}）：反映了企业的盈利能力，该指标越高说明企业盈利能力越强。本研究使用净利润与年平均资产总额的比值衡量总资产净利润率。

全要素生产率（TFP_{it}）：指非生产性投入对企业产出增长的贡献，是衡量企业生产效率的常用指标。本研究选择全要素生产率作为衡量企业绩效的第三个指标。出于数据的可得性，本研究用索罗残值法计算企业 TFP。设柯布－道格拉斯生产函数如下：

$$Y_{it} = TFP_{it}\, K_{it}^{\alpha}\, L_{it}^{\beta} \tag{7-3}$$

式中，TFP_{it} 表示全要素生产率；Y_{it} 为产出，用企业营业收入衡量；K_{it} 表示企业固定资本；L_{it} 为劳动力投入，由于该指标难以获取，本研究使用各企业职工薪酬与行业平均工资的比值进行替代。α、β 分别为资本和劳动力投入的产出系数。对式（7－3）两边同时取对数，转换形式如下：

$$\ln Y_{it} = \ln TFP_{it} + \alpha \ln K_{it} + \beta \ln L_{it} \tag{7-4}$$

对式（7－4）进行回归，得到 α、β，然后带入式（7－5），可得到企业 TFP_{it}：

$$\ln TFP_{it} = \ln Y_{it} - \alpha \ln K_{it} - \beta \ln L_{it} \tag{7-5}$$

对外直接投资行为（$OFDI_{it}$）：为了检验对外直接投资对企业绩效的短期影响，本研究选择对外直接投资行为作为自变量。该指标为虚拟变量，企业 i 在第 t 年存在对外直接投资行为，该变量赋值为 1，否则为 0。

对外直接投资经验（EPC_{it}）：对外直接投资经验的积累可以提高企业对外直接投资边际生产率。为了考察企业对外直接投资经验是否影响企业绩效，本研究选择对外直接投资经验作为解释变量。企业 i 在第 t 年之前有过对外直接投资行为，则认为该企业拥有对外直接投资经验，该变量赋值为 1，否则为 0。

控制变量主要包括上市公司固定资产投资（FXA_{it}）、无形资产（INT_{it}）、净利润（PFT_{it}）等相关变量。固定资产是企业赖以生产经营的主要资产，对企业绩效具有重要影响；另外，过高的固定资产投资也会带来流动资金不足，降低企业偿债能力，为企业绩效带来负面影响。无形资产在一定程度上反映了企业的研发投入，影响着企业未来的业绩，研究表明无形资产的投入与企业盈利之间存在正相关关系。净利润是企业持续经营的基础，净利润越高，企业用于固定资产投资、技术研发的投入越高，企业绩效越好。各变量统计性描述见表7－1。

表 7-1　变量统计性描述

变量名	符号	样本数	平均值	方差	最小值	最大值
主营业务收入增长率	IGR	6082.000	0.102	0.500	−7.056	6.213
总资产净利润率	POA	6863.000	0.057	0.457	−1.882	23.864
全要素生产率	TFP	7033.000	1.103	64.435	−514.8	1645.577
对外直接投资行为	$OFDI$	7056.000	0.091	0.288	0.000	1.000
对外直接投资经验	EPC	7056.000	0.163	0.370	0.000	1.000
固定资产投资	FXA	7050.000	7.112	36.291	0.000	733.449
无形资产	INT	6787.000	1.007	4.221	0.000	85.023
净利润	PFT	7053.000	1.861	13.301	−17.041	279.106

数据来源：表中数据由笔者计算所得。

第三节　基准回归结果及分析

本研究运用 Stata14.0 对式（7-1）进行回归分析，回归过程中同时考虑了个体效应和时间效应的影响。为全方位评价企业经营绩效，本研究分别使用主营业务收入增长率（IGR_{it}）、总资产净利润率（POA_{it}）和全要素生产率（TFP_{it}）衡量企业经营绩效。另外，本研究还使用两步最优 GMM 进行了稳健性检验，主要是考虑该方法不仅很大程度上可以克服解释变量的内生性问题，还能通过两步估计方法部分解决变量遗漏的问题。回归结果见表 7-2，其中（1）～（3）列是固定效应模型的回归结果，（4）～（6）列是两步最优广义矩估计的回归结果。

表 7-2　对外直接投资行为对企业绩效的影响

变量	(1)	(2)	(3)	(4)	(5)	(6)
	FE			两步最优 GMM		
	IGR	POA	TFP	IGR	POA	TFP
$OFDI$	−8.089**	−0.023***	4.340***	−0.313	−0.484***	8.609**
	−2.060	−2.790	2.400	−0.160	−2.860	1.990
FXA	−5.315	0.006	−1.019***	−7.429***	−0.092***	−0.334
	−0.470	0.290	−22.350	−4.670	−3.350	−1.360

变量	(1)	(2)	(3)	(4)	(5)	(6)
	FE			两步最优 GMM		
	IGR	POA	TFP	IGR	POA	TFP
INT	9.728*	0.010	4.836***	2.017	0.054**	6.377***
	1.670	0.850	19.510	1.250	2.490	6.870
PFT	9.792***	0.085***	2.204***	5.423***	0.066***	0.219
	2.820	12.520	24.850	5.180	3.280	0.610
时间固定效应	是	是	是	否	否	否
个体固定效应	是	是	是	否	否	否
F 统计值	3.150***	32.170***	230.150***	55.460***	12.470**	89.480***
Hansen's J	—	—	—	2.377	0.209	
p 值	—	—	—	0.123	0.648	
样本量	5876.000	6617.000	6768.000	5875.000	6585.000	6768.000

注：* 表示 $p<0.10$，** 表示 $p<0.05$，*** 表示 $p<0.01$。

数据来源：表中数据由笔者计算所得。

从表 7-2 可以看出，回归结果（1）中，OFDI 系数符号显著为负，说明中国企业对外直接投资导致主营业务收入增长率有所下降。正如前文分析，由于投资初期跨国公司并不了解东道国的制度、文化、习俗等，企业面临着对外直接投资的风险，从而增加了投资初期对外直接投资成本，导致企业市场扩张速度有所下降。另外，投资初期跨国公司也可能会因为缺乏国际化经验或风险控制能力，使自身对外投资进程遇到障碍，导致主营业务收入增长率下降。从控制变量来看，固定资产投资与主营业务收入增长率负相关；无形资产和净利润均与主营业务收入增长率正相关。这意味着，企业固定资产投资越高，主营业务收入增长率越低，原因在于对外直接投资企业前期固定资产投入比例过大，影响了企业主营业务拓展。随着时间推移，预期该变量对企业绩效的影响将逐渐为正。另外，无形资产数额越大，企业主营业务增长率越高，此结论与现实情况一致。

回归结果（2）中，OFDI 系数符号显著为负，说明企业对外直接投资导致总资产净利润率有所下降。需要说明的是，虽然企业对外直接投资行为降低了资产利润率，但是并不意味着跨国公司会遭受亏损。跨国公司为了获得长期收益，投资前期往往需要投入大量固定成本，因此短期内出现利润率的下降不必过于担忧。虽然跨国公司投入了大量资金，但从长期来看，促进了技术创新水平和企业绩效提升。

回归结果（3）中，$OFDI$系数符号显著为正，说明对外直接投资导致跨国公司的全要素生产率上升。可能的原因包括：第一，跨国公司通过对外直接投资，可以近距离了解东道国产品最新动态、消费者偏好等信息，这为企业进行产品研发、学习新技术提供了新渠道，通过整合国际前沿技术，促进企业全要素生产率提升。第二，跨国公司通过前后向关联效应、竞争效应、"干中学"等途径，获得东道国逆向技术溢出，提高了企业全要素生产率。

使用两步最优 GMM 进行稳健性检验，回归结果见表 7－2 中的（4）～（6），可以看出，相关变量系数仅存在数值大小上的差别，符号并无变化，证明式（7－1）回归结果十分稳健。

第四节　对外直接投资经验对企业经营绩效的影响

逆向技术溢出、品牌效应和规模经济的实现需要一定的时间。换言之，对外直接投资对企业绩效的影响可能存在滞后效应。为了检验跨国公司对外直接投资一段时间之后，对外直接投资对企业绩效的影响，本研究以对外直接投资经验（EPC_{it}）作为自变量，对式（7－2）进行实证分析，回归结果见表 7－3，（7）～（9）列是固定效应模型的回归结果，（10）～（12）列是两步最优广义矩估计的回归结果。

可以看出，回归结果（7）～（8）中，对外直接投资经验（EPC_{it}）的系数均不显著，说明对外直接投资经验对主营业务收入增长率和总资产净利润率的影响不再明显。这与式（7－1）中的回归结果形成对比，式（7－1）回归结果（1）～（2）显示，$OFDI$系数符号均显著为负，说明中国企业对外直接投资导致主营业务收入增长率和总资产利润率均有所下降。原因在于投资初期跨国公司投资风险较大，可能产生"水土不服"。随着对东道国制度环境、文化环境、习俗习惯等进行深入了解，对外直接投资导致的收入增长率放缓和利润率下降的情况正在逐渐得到改善。在回归结果（9）中，对外直接投资经验（EPC_{it}）系数符号显著为正，且远大于回归结果（3）中对外直接投资行为（$OFDI$）的系数，说明对外直接投资经验对全要素生产率的提高具有显著的推动作用，并且随着跨国公司投资经验越来越丰富，对全要素生产率的提高作用越来越明显。

表 7-3　对外直接投资经验对企业绩效的影响

变量	(7)	(8)	(9)	(10)	(11)	(12)
	FE			两步最优 GMM		
	IGR	POA	TFP	IGR	POA	TFP
EPC	−0.595	0.005	16.084***	−0.313	−0.659*	18.658**
	−0.340	1.120	3.380	−0.160	−1.800	2.270
FXA	−8.176***	−0.052	−0.753***	−7.429***	−0.113**	0.851
	−2.670	−6.240	−19.050	−4.670	−2.370	0.890
INT	2.498	0.003	4.858***	2.017	0.064*	−13.389
	1.070	0.430	20.280	1.250	1.670	−1.480
PFT	5.712***	0.049	1.964***	5.423***	0.102**	−6.395
	3.230	11.440	23.740	5.180	2.510	−0.880
F 统计值	15.840***	140.290***	1086.920***	55.460***	7.480***	13.820**
Hansen's J	—	—	—	0.328	1.768	0.792
p 值	—	—	—	0.686	0.184	0.374
样本量	5876.000	6617.000	6768.000	5875.000	6585.000	6335.000

注: * 表示 $p<0.10$, ** 表示 $p<0.05$, *** 表示 $p<0.01$。

数据来源：表中数据由笔者计算所得。

第五节　"一带一路"倡议下对外直接投资
对企业经营绩效的影响

　　自 2013 年"一带一路"倡议提出以来，中国与"一带一路"沿线国家之间的经贸合作取得了丰硕成果，经贸往来更加畅通，跨国投资稳步增加，多边互信合作成效显著。"一带一路"倡议为世界经济复苏提供了重要动力，也为中国及沿线国家经济发展提供了新的机遇。本节分别对"一带一路"沿线国家和其他样本进行回归分析，检验对外直接投资对企业绩效影响的差异性，其实证结果见表 7-4。其中，（13）～（15）列是"一带一路"沿线国家的回归结果，（16）～（18）列是非"一带一路"沿线国家的回归结果。

表 7-4 "一带一路"倡议下对外直接投资对企业绩效的影响

变量	"一带一路"			非"一带一路"		
	(13)	(14)	(15)	(16)	(17)	(18)
	IGR	POA	TFP	IGR	POA	TFP
OFDI	38.233**	−0.063***	11.847***	44.654	−0.155	18.069
	2.470	−2.370	3.810	1.000	−1.530	0.710
FXA	−6.029**	0.005	0.946*	2.454	−0.061**	−1.653***
	−2.040	1.280	1.890	0.270	−2.380	−43.960
INT	−3.935**	0.003	−0.458	−10.027	0.078*	0.363***
	−2.240	0.820	−0.950	−0.680	1.910	6.080
PFT	1.581**	−0.001	0.686	29.526	0.076**	0.257
	2.080	−0.450	1.470	0.920	2.080	0.740
Wald	7.960*	24.020	94.310***	5.690	19.940***	4644.830***
样本量	568.000	638.000	554.000	5496.000	6208.000	5851.000

注：* 表示 $p<0.10$，** 表示 $p<0.05$，*** 表示 $p<0.01$。

数据来源：表中数据由笔者计算所得。

可以看出，回归结果（13）中，OFDI 系数符号显著为正，而回归结果（16）中该变量系数不显著，说明对"一带一路"沿线国家直接投资导致主营业务收入增长率明显提高。诸多研究表明，双边政治关系可以在一定程度上弥补东道国制度缺陷，降低中国企业对外直接投资风险（杨连星，刘晓光，张杰，2016）。近年来，中国与许多"一带一路"沿线国家签订了双边投资协定，一定程度上弥补了沿线国家制度环境的不完善，降低了企业对外直接投资风险，也使企业能够更为快速地获得东道国消费者的认可，扩大企业市场占有率，促进主营业务收入增长率提高。

回归结果（14）中，OFDI 系数符号显著为负，说明对"一带一路"沿线国家直接投资导致总资产利润率下降。可能的原因在于：一方面，企业在"一带一路"沿线国家开展直接投资活动，着眼于企业长期发展战略，注重长期经营绩效，短期内的利润率下降是为了企业长远发展。例如，我国企业对南亚地区的投资主要集中在设备制造、基础设施、能源开采等方面，这些投资活动往往在前期需要投入大量成本，导致了短期利润率的降低。另一方面，对"一带一路"沿线国家的直接投资不仅要面对生产方式、技术水平、管理经验等方面的问题，还面临文化差距、意识形态等诸多问题，企业相关经验积累以及后期整合需要时间，因而使企业短期总资产利润率下降。

回归结果（15）中，*OFDI* 系数符号显著为正，说明对"一带一路"沿线国家直接投资导致跨国公司 *TFP* 上升。跨国公司对"一带一路"沿线国家进行直接投资时，将近距离接触到东道国的技术、知识等，通过母公司与子公司人力资本的双向流动，产生逆向技术溢出效应，实现全要素生产率的提高。另一方面，对"一带一路"沿线国家的直接投资使我国不具有比较优势的产业或生产环节被分离出来，为具有比较优势的产业或高技术环节提供了足够的生产要素和发展空间，从而提高了企业全要素生产率。

第六节　本章小结

本章以"一带一路"倡议为背景，以当前中国对外直接投资中的制约因素为切入点，基于对外直接投资对企业绩效影响的理论分析框架，使用上市公司数据对理论模型进行实证分析，结论如下。

第一，对外直接投资有助于提升企业绩效。跨国公司在对"一带一路"沿线国家进行直接投资时，将近距离地接触到东道国的技术、知识等，企业采用多元发展投资模式或战略联盟投资模式，通过母公司与子公司人力资本的双向流动，产生逆向技术溢出效应，促进全要素生产率的提高。另一方面，通过将中国不具有比较优势的产业或生产环节分离出来，为具有比较优势的产业或者高技术环节提供足够的生产要素和发展空间，从而提高了总资产净利润率。同时，对外直接投资有助于企业创新能力的提高。当前中国经济处于由高速增长向高质量增长转变的关键阶段，国内企业面临着发展中国家低成本竞争和发达国家技术垄断两方面的压力，对外直接投资是优化资源配置、获取逆向技术溢出、提升企业国际竞争力的重要渠道。国际化给跨国公司提供了接触先进技术的机会，在投资母国技术水平较高且人力资本较为丰富时，能够有效吸收对外直接投资产生的逆向技术溢出效应。目前，中国在很多领域仍然处于技术水平的追赶者地位，希望通过学习、模仿东道国的先进技术、管理经验来弥补自身研发实力的不足，实现技术创新上的突破。因此对中国而言，通过对外直接投资获取先进技术，实现技术追赶，是非常重要的现实问题。

第二，对"一带一路"沿线直接投资提升了全要素生产率。在全球经济增长动力不足、国际形势瞬息万变的背景下，对外直接投资对企业绩效的影响关系到跨国投资的质量和效率。本研究基于组织学习理论、资源基础理论、制度理论等，从控制程度、规模经济、学习曲线等传导机制，系统梳理了对外直接投资对企业绩效的影响。然后基于中国上市公司微观数据，检验了对外直接投资对企业绩效的具体影响。其结果显示：一是对外直接投资行为导致企业主营业务收入增长率和总资产净利润率均有所下降，同时导致跨国公司全要素生产率有所上升；二是对外直接投资经验对企业主营业务收入增长率和总资产净利润率的影响并不显著，会导致跨国公司全要素生产率有所上升；三是对"一带一路"沿线国家直接投资降低了企业总资产利润率，提升了企业主营业务收入增长率和全要素生产率。

第三，"一带一路"沿线国家投资机遇与风险并存。中国对"一带一路"沿线国家直接投资面临新的发展机遇，也存在很多不容忽视的严峻挑战。当前，国际社会地缘政治冲突、贸易摩擦等不稳定因素持续存在；欧美部分国家的"逆全球化"倾向、贸易保护主义也阻碍了不同国家企业之间的交流与合作，而"一带一路"倡议是中国对"逆全球化"倾向开出的一剂良方。

第八章 启示、结论及政策建议

第一节 主要结论及研究展望

一、研究的主要结论

在高质量发展背景下，我国的对外直接投资是否能推动产业的高质量发展？基于此，本书从我国产业结构视角和技术创新视角分析对外直接投资对我国产业高质量发展的影响，对于政府制定与调整对外直接投资政策、健全对外直接投资服务体系以带动产业高质量发展有积极的理论和实践指导意义。本书在综述对外直接投资及产业发展国内外相关的理论研究与实证研究的基础上，总结了我国对外直接投资和产业的发展历程、特点以及现阶段产业发展的特征，进而分析对外直接投资是否对我国产业高发展会产生正向推动作用。根据我国现阶段产业发展的情况和需求，分析了产业高质量发展的动力和标准是产业结构升级和技术创新能力提升，并从理论上分析对外直接投资对产业结构和技术创新的影响机制。在实证方面，本书首先从产业结构视角分析对外直接投资对产业发展的影响，分析了对外直接投资对我国三大产业之间的结构变动的影响，考察了在产业内部制造业对外直接投资对其结构升级的影响；然后，就对外直接投资可能带动产业技术创新能力提升进行了验证与探讨。概括而言，本书得到以下几点结论：

第一，我国对外直接投资对产业高质量发展的理论机制。本书以经济高质量发展的内涵为基础，总结了我国产业高质量发展的动力、内容、路径、目标，并基于国际直接投资理论梳理了对外直接投资带动产业高质量的理论机制。研究表明：

其一，我国对外直接投资推动产业高质量发展主要体现在两个维度：产业结构升级、技术创新能力提升。在高质量发展要求下，产业结构升级和技术创新能力提升是产业高端化、绿色化、智能化、融合化的动力和必然结果。

其二，中国对外直接投资通过贸易结构、技术进步、人力资本结构优化、资本积累路径影响产业结构升级，推动产业高质量发展。不同动机的对外直接投资影响着国内的进出口，优化国内的贸易结构，贸易结构通过对国内资源禀赋及产业协同两方面促进产业结构优化；对外直接投资的逆向技术溢出会推动技术进步，技术进步通过对供给、需求方面的影响促进产业结构升级；对外直接投资促进国内人力资本结构优化，再通过劳动生产率、技术应用、创新方面推动产业结构升级；对外直接投资增加了资本积累，资本积累通过固定资产投资和扩大再生产方式促进结构升级。

其三，我国对外直接投资通过逆向技术溢出、产业关联、示范竞争、资本反馈、边际产业转移五个方面促进技术创新，推动产业高质量发展。对外直接投资通过这五个方面增加了跨国公司及国内的研发资源和研发资本，促进了企业间的研发人员流动和信息分享，优化了研发要素配置，最终提升了技术创新能力，进而带动相关产业的高质量发展。

其四，我国对外直接投资通过规模经济、逆向技术溢出、品牌价值提升三个方面促进企业绩效提升，进而推动产业发展质量提升；而对外直接投资对企业绩效的影响也会受到对外直接投资政治、经济、社会风险的负面影响，给企业绩效带来损失或者阻碍企业绩效的提升。

第二，我国对外直接投资对产业之间结构的影响。采用我国省级层面的面板数据，基于产业之间结构和产业内部结构两个方面考察了我国对外直接投资对产业结构升级的影响，探讨了我国对外直接投资对产业高质量发展的影响。研究发现：

其一，在产业结构之间，我国对外直接投资对产业结构升级有正向促进作用，但抑制产业结构的调整速度。从全国层面来看，对外直接投资通过贸易、技术、出口、人力资本四条路径推动产业之间结构升级，并形成持续的正向激励作用；从地区层面来看，对外直接投资对产业结构升级的影响存在地区差异性，对东部地区产业结构升级的推动作用明显。从产业调整速度动态变动层面看，开展对外直接投资活动降低国内产业结构升级速度。

其二，在产业结构内部，我国对外直接投资能推动产业内部结构升级，促进产业高质量发展。基于制造业在国民经济的地位及升级改造的迫切性，选择制造业省级面板数据讨论对外直接投资对产业内部结构的影响。从全国层面来看，制造业的对外直接投资有利于促进制造业结构升级，有利于提高技术密集型制造业在制造业的比重；从行业层面来看，制造业对外直接投资规模与技术密集型制造业产值比重呈正向关系，但对资本密集型制造业的产值比重提高有阻碍作用，对技术密集型和资本密集型制造业相反的作用效果有利于制造业升级；从地区层面来看，东部地区制造业对外直接投资能显著推动制造业结构升级，中西部地区制造业对外直接投资对其结构升级的激励作用则不明显。

第三，我国对外直接投资对产业技术创新的影响。以制造业为例，采用制造业省级面板数据并测算技术创新效率，实证检验制造业对外直接投资对技术创新的影响。研究发现：从全国层面来看，我国制造业的对外直接投资有利于制造业技术创新能力的提升，并且通过加大研发投入和人力资本结构优化的调节作用，有利于实现制造业对外直接投资对技术创新的促进作用，有利于产业的高质量发展。从地区层面来看，我国制造业对外直接投资能促进东部地区自主创新能力的提升，增强东部地区吸收能力更有利于对外直接投资对技术创新的正向激励作用；中西部地区受投资规模、产业结构、人力资本结构等因素制约，对外直接投资对自主创新的影响较小，而中西部地区人力资本结构优化，能正向刺激对外直接投资的技术创新效应。制造业技术创新能力提高，推动制造业高质量地发展。从技术创新动态变动层面来看，中国制造业的对外直接投资有利于技术创新效率变动指数的提升，有利于促进技术创新能力的提升。制造业通过对外直接投资获得的研发要素、研发模式等因素影响技术创新效率，有利于提升技术自主创新；相比加大研发投入，增加地区人力资本是提升对外直接投资的技术创新效应的有效途径。

第四，中国对外直接投资对企业绩效的影响。本书采用我国上市公司微观数据，实证检验对外直接投资对企业绩效的影响。研究发现：

其一，跨国公司通过多元发展投资模式或战略联盟模式，实现人员双向流动，产生逆向技术溢出效应，推动企业技术创新能力提高；同时对外直接投资优化资源配置，提升了企业的国际竞争力。

其二，跨国公司对外直接投资行为即使导致企业主营业务收入增长率和总资产净利润率的增长受阻碍，也仍能实现促进企业全要素生产率的上升。

第五，中国对外直接投资规模扩张能够促进产业结构升级、技术创新和企业绩效提升，有助于推动产业的高质量发展。

二、研究的展望

基于现有的研究，本书存在以下研究不足的方面，并根据结论对未来的研究内容作出如下展望。

（一）研究的不足

其一，研究数据方面的限制。受企业角度对外直接投资的有效数据可获得性的限制，本书无法从微观企业层面分析对外直接投资对产业高质量发展的影响。企业的对外直接投资动机和决策是产业资本流向的重要因素，从企业异质性角度分析对外直接投资对产业结构升级和技术创新的影响或许可以得到更有意义的实证结果；由于服务业行业相关数据缺乏，本书无法深入研究对外直接投资对生产性服务业内部结构升级的影响。此外，我国省级层面的制造业对外直接投资数据并未公布，本书使用的是经计算的估计数据，虽然研究结论符合预期，但因数据质量会对实证结果产生影响，这一情况是无法完全避免的。

其二，研究方法方面的限制。由于对我国对外直接投资的相关研究仍处于起步阶段，同时产业高质量发展相关研究可借鉴文章较少，本书基于产业结构和技术创新视角间接研究对外直接投资对产业高质量发展的影响机制，无法对产业高质量发展进行量化分析，无法直接测度对外直接投资对产业高质量发展水平的影响。另外，对外直接投资和其他影响产业发展的因素之间可能存在一定的内在联系，且对外直接投资对产业结构升级和技术创新的影响在时间上都有一定的滞后性，本书虽在计量模型中引入流量、流量滞后项及存量对其弥补，但仍会存在不足，有待改善。

（二）研究展望

本书以对外直接投资对产业高质量发展的影响为研究对象，分析我国对外直接投资和产业发展的现状，理论分析了对外直接投资对产业高质量发展的影响机制，从产业结构和技术创新视角实证检验了对外直接投资对产业高质量发展的影响，得出一些有意义的结论，但仍可丰富和拓展现有研究，从以下方面进行深入研究：

其一，丰富研究数据。搜集微观企业层面数据，从企业视角展开中国对外直接投资对产业结构升级和技术创新的影响机制的研究。通过实地调研和相关数据匹配搜集我国生产性服务业对外直接投资的相关数据，继续跟踪对外直接投资对生产性服务业内部结构和技术创新的影响。

其二，改进研究方法。以经济高质量发展的相关研究为基础，构建产业高质量发展的指标体系，量化分析我国对外直接投资对产业高质量发展的影响。

其三，结合现实背景。2020年新型冠状病毒疫情对全球的经济产生重要影响，全球经济增长速度放缓，产业分工和全球价值链受到冲击。全球经济发展是否会出现"逆全球化"，中国的对外直接投资受到何种影响，中国经济转向以国内大循环为主的双循环发展格局，这一类的问题都会影响我国产业的发展。因此，未来的研究将紧密结合当前经济形势，研究在新的经济背景下我国对外直接投资对产业发展的影响，将研究重点放在如何抓住机遇利用对外直接投资建立国内完整、高端的产业链、促进技术的进步与自主研发。

第二节　政策建议

一、坚持走开放型发展道路，积极推动高质量的对外直接投资

由前文理论及实证分析结果可知，我国对外直接投资对产业结构的优化升级和技术创新能力提升有正向促进作用，这有利于实现产业高质量发展。因此，我国应坚持走开放型的发展道路。

自2000年我国实施"走出去"战略以来，较大幅度地改善了对外开放局面，国内企业积极融入全球化合作中，开展对外直接投资活动，对外直接投资规模逐年扩大。基于本书我国对外直接投资对产业高质量发展有正向推动作用的结论，我国应推进一轮更高水平的对外开放，拓展对外开放的广度和深度，坚持走开放型发展道路，充分发挥利用国际资源、拓展国际市场来提高国际竞争力，并引导企业高质量的对外直接投资，充分发挥其对国内产业结构升级和技术创新的带动作用，促进产业的高质量发展。由此，我国需要做好以下几个方面的工作。

其一，鼓励多种类型企业主体参与对外直接投资，推进投资主体多元化。国有企业长期以来居于我国对外直接投资的主导地位，虽然投资规模大、投资资本雄厚，但国有企业投资行为多受政策导向和政府管控，存在企业自主性较低，市场定位不清晰，海外投资前期的调研不够详尽，投资风险较高等问题。中小型民营企业虽然存在对外直接投资规模较国有企业小、资金周转不足、投

资信息缺失等不足，但其存在对外直接投资目的明确、积极主动性较强、受市场驱动明显，投资行为更为谨慎且风险较小的优势。多元化的投资主体能增加对外直接投资的产业广泛性，这有利于获取先进的技术资源和研发要素，促进对外直接投资发挥国内产业结构升级和技术创新的带动作用。政府应引导企业尤其是中小型民营企业放眼全球加快"走出去"的步伐，通过对外直接投资整合全球人才、技术、资本、信息等资源；对外直接投资必须对东道国的政治、经济、法律等相关信息尽可能全面了解，政府可建立针对中小型私营企业对外直接投资服务机构，整理东道国的市场行情、政策法规、风俗习惯、并购经历等相关资料，为企业投资提供信息和项目咨询服务；明确各部门的分工和责任，简化外汇登记、核准及业务手续，实现一站式服务，增强企业对外直接投资的便利化。

其二，政策引导对外直接投资的区域，推进投资区域的多元化。当前国内企业投资区域主要选择亚洲、拉丁美洲等发展中国家和欧美发达国家，但由于欧美等发达国家受经济冲击和民族保护主义的影响投资门槛提高，对这些地区的投资将会受到影响。政府应积极引导企业向拥有先进技术的发达国家通过绿地投资、跨国并购、联合研发等方式开展对外直接投资，嵌入高新技术研发过程，积极学习他国的先进技术、研发模式、管理经验等优势并内化提高企业的竞争力和创新力。同时通过"一带一路"发展战略，拓宽投资的区域范围，积极加强国际产能和基础设施建设，扩大对沿线国家、地区的投资规模，促进国内边际产业转移至沿线国家，加强供应链和价值链合作进而提升中国企业在全球价值链的地位。

其三，加强区域合作，引导企业投资模式合理化。我国对外直接投资方式主要是跨国并购和绿地投资。对外直接投资方式的选择不仅受自身投资动机和目标的影响，也应该考虑东道国的投资环境、行业发展、政策环境等因素，综合考虑选择适合自身企业发展的合理投资模式，提高海外投资效率，降低投资风险。因此，我国应引导企业针对不同的投资目的和投资区域，选择适宜的投资模式。我国可针对某些国家的投资壁垒，通过双边或多边的国际合作避开投资壁垒的限制，达到投资目的。引导跨国公司合资方式进行对外直接投资，增加了跨国公司的资金，也可利用合资方的管理、品牌等优势培养跨国子公司的海外市场开拓的能力和管理模式；针对高新技术产业，引导企业选择并购或设立海外研发中心的方式进行海外投资，紧跟科研前沿，获取先进技术并提升企业自身研发能力，增强企业核心竞争力。

二、鼓励技术寻求型对外直接投资，提高自身吸收能力

本书得到的研究结论之一是对外直接投资能促进技术创新升级，地区技术吸收能力越强，对外直接投资规模扩大带来的技术创新能力提升越显著。

我国应利用对外直接投资对技术创新的促进作用，推动产业技术创新能力提升，针对发达国家、发展中国家不同的投资目的，制定相对应的政策。进入21世纪以来，科学技术的重要性日益凸显，科学技术已经成为国家之间竞争的关键领域，这是一国经济快速高质量发展的动力，对一国经济增长和产业发展等方面有着至关重要的作用。自主研发先进技术尤其是关键产业的核心技术是衡量一国国际竞争力的重要指标。我国虽然是制造业大国，是对世界经济走势有重要影响的大国，但受到国内研发创新意识不够强、技术发展基础相对薄弱、研发资源相对匮乏、教育质量及研发环境有待改善等因素的制约，我国的自主创新和研发能力与技术领先国家的差距仍然很大。我国的技术创新能力不足，一些产业的关键零部件、核心技术和关键技术在一定程度上依赖于其他国家，提高自主创新能力、提高产业技术创新是我国产业持续高速发展的源动力，是改变产业发展受制于人的重要手段。

我国应鼓励跨国公司自主研发、技术创新，充分利用技术寻求型跨国公司对外直接投资接近高端技术研发地、紧跟世界技术前沿动态、易于获得先进技术和高素质人才等优势，通过研发人员的交流沟通、技术研发合作、研发资源共享等方式提高企业技术的创新能力，并内化对母公司反哺技术的创新能力，进而会对我国创新水平和研发要素产生正向推动作用。政府可以做好以下几方面的工作：

其一，政府政策上鼓励和扶持企业向海外高端技术产业集聚地进行直接投资，紧跟世界技术的最新研究方向，收集研发相关信息、获取先进技术，学习研发模式，提升企业自主创新能力，并通过产业关联效应和示范竞争效应形成对技术发展的直接牵引，推动国内技术创新水平的提升。

其二，政府、高校及国内科研机构对跨国公司子公司的自主研发提供技术支持。依靠政府和社会的教育培训资源，为对外直接投资企业的科研人员提供先进技术和知识的再培训，提高对外直接投资企业科研人员的研发能力和技术吸收能力。

其三，将制造业对外直接投资的有关研发费用和人才培养等方面的支出纳入政策支持范围，设立对外直接投资技术创新基金扶持企业研发投入，凡是符

合政策的对外直接投资项目都应该得到相应的资助。

其四，中国进出口银行对于对外直接投资企业的研发资金融资重点倾斜。研究结论表明地区的吸收能力也直接影响对外直接投资对技术创新的推动作用。如果不提高我国的吸收能力，即使我国大规模向技术领先国进行对外直接投资，获得了先进的技术、研究方向和科研人员，推动国内技术创新能力的提升作用也很有限。地区的吸收能力主要体现在人力资本和研发投入两个方面。人力资本是产业结构升级和技术创新的人才基础。高素质的人才是产业高质量发展的重要因素，因此我国应注重高素质人才的培养，实施人才强国战略，优化人力资本结构。人力资本对一个国家或地区的经济发展、产业结构、技术创新能力都有着重要影响，然而我国人均受教育年限虽然快速增长，但是我国人力资本积累并未得到相应大幅提高，尤其是拥有高技术的技能人才和高层次的创新型人才不足。因此，政府可以从以下几方面提高国内人力资本水平：积极培养国内高级研发创新人才，提升自然科学等领域教育的质量和水平；政府给予政策方面的便利，促进国外高素质的科研人员和教育人员的引进；引导国内外高素质研发人员的沟通与交流；加强与企业合作培养应用型的高素质技术人员；为高校、科研所等机构提供其发展所需要的资金、信息等，营造社会良好的创新环境。研发资本存量也是影响一国技术创新能力水平的重要因素，是制约对外直接投资促进技术创新作用的因素，而我国科学研发投入远低于发达国家，政府应从以下方面引导提高科学研发投入：通过提高国家技术研发支出，发挥国家对科技自主创新的重要领域和关键环节的引导作用；研发投入的流向要兼顾高新技术产业和传统产业的技术改造方面；政策引导企业提高技术研发投入水平，并用知识产权保护、加速折旧、减免税收、补贴等措施增强企业研发投入的积极性。政府在加大创新投入的同时，要不断完善创新生态系统建设，为创新营造良好社会氛围。

三、引导对外直接投资与产业结构升级相契合

本书通过研究得出的结论之一是中国的对外直接投资能有效促进产业结构优化，在三大产业之间表现在第三产业的绝对比重和相对比重都得到提升，在产业内部以制造业为例，对外直接投资有效推动了制造业中资本密集型和技术密集型制造业的占比，促进产业的内部结构升级。对外直接投资于欧美等拥有先进技术的国家，能在高技术产业集聚地与拥有先进技术的企业产生联系，促进高新技术产业的发展；投资于发展中国家能将制造业相对劣势产业转移，为

高新技术产业和新兴产业释放更多生产要素。随着我国经济发展、居民生活水平提高、消费需求升级、产业结构升级，我国生产农产品等初级产品的第一产业占比逐步降低，第二产业和第三产业发展规模日益扩大，形成第二、三产业结构占比较重的产业结构。当前，我国产业结构的发展趋势符合产业结构的演变规律，但是仍存在以下问题：我国工业规模日渐扩大，已经超过当前国内生产发展的需要，导致国内工业有些部门产能相对过剩，占用了大量的生产要素，挤压了高新技术产业和新兴产业的发展空间，产业发展潜能无法得到有效释放，阻碍了我国产业结构升级；新兴产业发展受政策方向制约；国内制造业技术水平有待进一步提升，产业成熟度和整体竞争力与发达国家有一定差距。因此，政府应积极引导对外直接投资带动我国产业发展，实现产业结构的优化升级。我国政府可从以下几个方面引导对外直接投资与产业结构升级相契合。

第一，继续推进我国将钢铁、水泥、玻璃等制造业及服装加工、纺织等劳动密集型产业向东南亚、非洲、拉美及"一带一路"沿线国家进行有步骤、分阶段的转移，并制定相关政策来指导企业了解东道国的市场需求、销售网络、政策法规等方面的信息。

第二，政府引导资源型行业向资源丰裕的国家或地区进行对外直接投资，获得国内匮乏的资源。这有助于减小国内资源的消耗和对环境的压力，保障国内的生产有利于国内环境，推动产业的绿色化、可持续发展。

第三，引导高新技术产业、新兴产业的企业积极开展对外直接投资，给予相关的政策引导和扶持。我国可通过税收、补贴等财政政策、放松金融约束、提高融资便利化、设立技术型专项投资基金等方式鼓励企业通过跨国并购，设立海外研发中心、技术开发机构等方式进入发达国家先进技术集聚地，重点投资在发达国家具有高技术、高附加值的航空航天制造业、电子信息业、汽车制造业等，通过先进技术的转移和高素质研发人员的交流等方式将技术溢出给母公司，并通过示范竞争、产业关联、资本反馈等方式实现对我国企业、行业及产业的结构升级的积极正向作用。

四、统筹对外直接投资区域发展，鼓励地区差异化发展

本书结论中，我国对外直接投资对制造业的结构优化和技术创新的推动作用均存在地区异质性，对外直接投资对东部地区的积极作用明显优于中西部地区。产生这种结论的原因是我国经济发展存在地区异质性，东部地区的经济发展水平、产业发展水平优于中西部地区，东部地区的产业结构更合理，技术创

新水平和地区吸收能力更强。因此，政府统筹对外直接投资区域发展应基于地区自身特点，引导地区对外直接投资的差异化，培养本地区对外直接投资的特色，提升其对产业发展的带动作用。政府可以从以下几个方面展开：

第一，积极引导东部地区企业开展高新技术产业、新兴产业的投资。东部地区的新兴产业和高新技术产业发展时间更早、水平较高，并且人力资本水平高及研发投入力度大，故其吸收能力较强，东部地区的企业会对技术先进地区开展对外直接投资，通过学习、引进先进技术增强自身创新能力，促进产业结构优化和产业技术创新。

第二，引导中西部地区通过对外直接投资来改造传统产业，推进边际产业转移。

第三，增强中西部地区吸收能力，加大对中西部地区的研发投入，推进西部高校建设和制定人才引进政策，提升地区人力资本水平。

五、健全促进对外投资政策和服务体系

在本书结论中，我国对外直接投资规模的扩大有利于产业结构升级和技术创新能力的提升，有利于产业高质量地发展。我国鼓励企业积极"走出去"的同时，要健全促进对外投资政策和服务体系，为企业进行对外投资活动营造良好的国内环境，提高企业的积极性。

对外投资政策和服务体系是指政府为推动企业开展对外直接投资而设立的组织机构、制定的法律法规和支持政策、实施的服务和风险防范措施的集合。在管理体制方面，我国对外管理体制由审批制到核准制再到备案制，提升了对外直接投资的便利化程度及政府部门对外直接投资的管理效率和力度。在外汇政策方面，实现外汇管理由审批制到核准制的转变，近年来相继出台的外汇政策均进一步放宽对外汇资金来源的限制，为外汇登记、核准及办理业务手续提供便利。在财政金融政策方面，政府加大对企业对外直接投资的融资支持和税收减免力度。在鼓励和引导对外投资政策方面，结合对外投资发展阶段的特征和问题，政策性引导对外直接投资的发展方向，引导我国优势产业参与国际产能合作，优化我国对外直接投资产业结构。在风险防范方面，政府根据多年对外直接投资活动经验，建立有效的风险预警及防范机制，完善对外直接投资投资的风险防范体系，降低我国对外直接投资活动的风险。中国对外投资政策和服务体系的建立及完善对近年来中国对外直接投资的快速发展有着重要的推动作用。

国家在大力鼓励企业开展对外直接投资的同时，可从以下几个方面健全对外投资政策及服务体系。

第一，在风险控制方面，在制度层面为企业的海外投资提供相应保障、降低投资风险。进一步明确中国出口信用保险公司作为为企业海外投资遇到政治风险提供保障的政策性保险公司的职责，设立针对对外直接投资企业的政治险和非商业险，提高企业承担风险的能力；鼓励商业性保险机构的加入；结合不同类型的国家的发展战略、资源禀赋制定投资合作策略，有助于制造业企业结合自身优势理性地进行对外直接投资，降低企业海外投资的风险；通过国家对外直接投资预警与防范体系，及时给予企业的海外投资行为正确的预警和指导。

第二，在管理和法律层面，建立相关部门管理机构简化审批体制，明确海外投资主管部门；提升审批效率，提高审批便利化，建立透明公正的审批制度；健全对外直接投资相关法律，健全企业对外直接投资的法律保障。

第三，在金融和财税政策方面，放松金融约束，鼓励金融机构探索新模式，拓宽融资平台，为企业对外直接投资提供融资支持；为企业开拓融资渠道，改变单纯依赖银行信贷的模式；减免对外直接投资企业的税收；设立投资损失准备金制度。

第四，在技术援助和信息服务方面，完善我国对外直接投资的技术援助和信息服务。组建专业的信息服务机构，为企业提供东道国的相关信息、数据及我国相关的审批流程、规章制度等；设立相关对外直接投资研究机构，为企业的投资行为提供咨询服务。

六、提升对外直接投资风险防范能力

我国应做好顶层设计，完善国际投资磋商机制，加强与合作国家之间的政策沟通。同时应当加强产业引导，激发企业活力，优化对外直接投资环境。通过政治互访、项目洽谈会、博览会、展览会等形式，加强与各国国家发展战略的对接，使投资项目与沿线国家的自身发展规划有机结合，不断扩大共识，建立互信关系，降低对外直接投资风险。

为减少文化距离带来的投资不确定性，应当积极开展与各国之间的文化交流、互遣留学生、科学研讨等民间活动，增进东道国对中国文化、中国企业的了解，使其充分认识到"一带一路"倡议能够创造出合作共赢的局面。应当尽快完善对外投资法律体系，既要立足于国内经济安全和经济利益的基础之上，规范对外投资行为，避免无序竞争，提高国内企业的国际竞争力；又要与国际上的相关规定接轨，避免海外投资风险。

对外直接投资企业应当充分考虑到东道国的现实需求和经济发展水平，严格遵守东道国的法律法规、尊重东道国的风俗习惯，积极主动地承担在环境保护等方面的企业责任，与当地社会形成"利益共同体"，降低对外投资风险。跨国公司在进行对外直接投资时，受信息不对称、文化差距等因素影响，常常面临各种投资风险。从政府角度来说，应当建立信息服务平台，对不同国家的政治、经济、社会等环境做出系统的评估，降低企业信息搜寻成本，提高企业对外直接投资效率。从企业角度而言，在进行投资活动前，应当客观评估自身能力，正确进行对外直接投资区位选择，避免盲目投资行为带来的各种风险。

参考文献

白雪洁，于庆瑞，2019. 劳动力成本上升如何影响中国的工业化 [J]. 财贸经济，40（8）：132—145.

卜伟，杨玉霞，池商城，2019. 中国对外贸易商品结构对产业结构升级的影响研究 [J]. 宏观经济研究（8）：55—70.

卜伟，易倩，2015. OFDI 对我国产业升级的影响研究 [J]. 宏观经济研究（10）：54—61.

陈昊，吴雯，2016. 中国 OFDI 国别差异与母国技术进步 [J]. 科学学研究，34（1）：49—56.

陈劲，吴沧澜，景劲松，2004. 我国企业技术创新国际化战略框架和战略途径研究 [J]. 科研管理，25（6）：115—125.

陈琳，朱明瑞，2015. 对外直接投资对中国产业结构升级的实证研究：基于产业间和产业内升级的检验 [J]. 当代经济科学，37（6）：116—121+126.

陈岩，翟瑞瑞，2015. 对外投资、转移产能过剩与结构升级 [J]. 广东社会科学（1）：5—16.

丁焕峰，2006. 技术扩散与产业结构优化的理论关系分析 [J]. 工业技术经济，25（5）：95—98.

杜龙政，林伟芬，2018. 中国对"一带一路"沿线直接投资的产能合作效率研究——基于 24 个新兴国家、发展中国家的数据 [J]. 数量经济技术经济研究，35（12）：3—21.

范德成，杜明月，2018. 高端装备制造业技术创新资源配置效率及影响因素研究——基于两阶段 StoNED 和 Tobit 模型的实证分析 [J]. 中国管理科学，26（1）：13—24.

冯春晓，2009. 我国对外直接投资与产业结构优化的实证研究——以制造业为例 [J]. 国际贸易问题（8）：97—104.

付海燕，2014. 对外直接投资逆向技术溢出效应研究——基于发展中国家和地区的实证检验［J］. 世界经济研究（9）：56－61＋67＋88－89.

付凌晖，2010. 我国产业结构高级化与经济增长关系的实证研究［J］. 统计研究，27（8）：79－81.

干春晖，郑若谷，余典范，2011. 中国产业结构变迁对经济增长和波动的影响［J］. 经济研究，46（5）：4－16＋31.

高远东，张卫国，阳琴，2015. 中国产业结构高级化的影响因素研究［J］. 经济地理，35（6）：96－101＋108.

顾雪松，韩立岩，周伊敏，2016. 产业结构差异与对外直接投资的出口效应——"中国—东道国"视角的理论与实证［J］. 经济研究，51（4）：102－115.

郭晔，赖章福，2010. 货币政策与财政政策的区域产业结构调整效应比较［J］. 经济学家（5）：67－74.

国家发展计划委员会. 中华人民共和国国民经济和社会发展第十个五年计划纲要学习辅导讲座［M］. 北京：人民出版社，2001.

国家统计局. 2019 年中国统计年鉴［M］. 北京：中国统计出版社，2019.

韩先锋，惠宁，宋文飞，2018. OFDI 逆向创新溢出效应提升的新视角——基于环境规制的实证检验［J］. 国际贸易问题（4）：103－116.

韩颖，倪树茜，2011. 我国产业结构调整的影响因素分析［J］. 经济理论与经济管理（12）：53－60.

黄凌云，张宽，2020. 贸易开放提升了中国城市创新能力吗？——来自产业结构转型升级的解释［J］. 研究与发展管理，32（1）：64－75.

黄茂兴，李军军，2009. 技术选择、产业结构升级与经济增长［J］. 经济研究，44（7）：143－151.

黄庆波，范厚明，2010. 对外贸易、经济增长与产业结构升级——基于中国、印度和亚洲"四小龙"的实证检验［J］. 国际贸易问题（2）：38－44.

黄文正，2011. 人力资本积累与产业结构升级的关系——基于 VAR 模型的实证分析［J］. 经济问题探索（3）：24－27.

贾妮莎，韩永辉，雷宏振，2020. 中国企业对外直接投资的创新效应研究［J］. 科研管理，41（5）：122－130.

贾妮莎，申晨，2016. 中国对外直接投资的制造业产业升级效应研究［J］. 国际贸易问题（8）：143－153.

蒋殿春，夏良科，2005. 外商直接投资对中国高技术产业技术创新作用的经验分析 [J]. 世界经济（8）：3-9+80.

蒋冠宏，蒋殿春，2014. 中国工业企业对外直接投资与企业生产率进步 [J]. 世界经济，37（9）：53-76.

靖学青，2005. 产业结构高级化与经济增长——对长三角地区的实证分析 [J]. 南通大学学报（社会科学版），21（3）：45-49.

李东坤，邓敏，2016. 中国省际 OFDI、空间溢出与产业结构升级——基于空间面板杜宾模型的实证分析 [J]. 国际贸易问题（1）：121-133.

李逢春，2012. 对外直接投资的母国产业升级效应——来自中国省际面板的实证研究 [J]. 国际贸易问题（6）：124-134.

李健，徐海成，2011. 技术进步与我国产业结构调整关系的实证研究 [J]. 软科学，25（4）：8-13+18.

李健英，慕羊，2015. 基于 DEA 方法的我国上市企业创新绩效研究 [J]. 科学学与科学技术管理，36（2）：111-121.

李娟，万璐，唐珮菡，2014. 产业转型升级、贸易开放与中国劳动市场波动 [J]. 中国人口·资源与环境，24（1）：140-147.

李克强. 政府工作报告：2019 年 3 月 5 日在第十三届全国人民代表大会第二次会议上 [M]. 北京：人民出版社，2009.

李梅，2012. 国际 R&D 溢出与中国技术进步——基于 FDI 和 OFDI 传导机制的实证研究 [J]. 科研管理，33（4）：86-92+130.

李梦溪，朱延福，余东升，2020. 健全促进制造业对外直接投资政策的思考——基于 OFDI 技术创新的解析 [J]. 学习与实践（1）：55-63.

李梦溪，朱延福，余东升，2020. 中国对外直接投资对产业结构调整的影响 [J]. 亚太经济（3）：85-94+151.

李敏，张婷婷，雷育胜，2019. 人力资本异质性对产业结构升级影响的研究——"人才大战"引发的思考 [J]. 工业技术经济，38（11）：107-114.

李培楠，赵兰香，万劲波，2014. 创新要素对产业创新绩效的影响——基于中国制造业和高技术产业数据的实证分析 [J]. 科学学研究，32（4）：604-612.

李卿，2018. 对外直接投资对母国产业演化的影响研究 [J]. 中国物价（12）：16-18.

李荣林，姜茜，2010. 我国对外贸易结构对产业结构的先导效应检验——基于制造业数据分析 [J]. 国际贸易问题（8）：3-12.

李思慧，于津平，2016. 对外直接投资与企业创新效率 [J]. 国际贸易问题（12）：28－38.

李习保，2007. 区域创新环境对创新活动效率影响的实证研究 [J]. 数量经济技术经济研究（8）：13－24.

林毅夫，苏剑，2007. 论我国经济增长方式的转换 [J]. 管理世界（11）：5－13.

凌丹，赖伟豪，刘慧岭，2018. 双向 FDI 技术溢出、技术进步与产业结构升级 [J]. 武汉理工大学学报（社会科学版），31（6）：62－69.

刘斌斌，丁俊峰，2015. 出口贸易结构的产业结构调整效应分析 [J]. 国际经贸探索，31（7）：42－51.

刘国新，王静，江露薇，2020. 我国制造业高质量发展的理论机制及评价分析 [J]. 管理现代化，40（3）：20－24.

刘海云，廖庆梅，2017. 中国对外直接投资对国内制造业就业的贡献 [J]. 世界经济研究（3）：56－67＋135.

刘海云，聂飞，2015. 中国 OFDI 动机及其对外产业转移效应——基于贸易结构视角的实证研究 [J]. 国际贸易问题（10）：73－86.

刘飒，万寿义，黄诗华，等，2020. 中国中小型高新技术企业创新投入效率实证研究——基于三阶段 DEA 模型 [J]. 宏观经济研究（3）：120－131.

刘宇，2007. 外商直接投资对我国产业结构影响的实证分析——基于面板数据模型的研究 [J]. 南开经济研究（1）：125－134.

柳卸林，胡志坚，2002. 中国区域创新能力的分布与成因 [J]. 科学学研究，20（5）：550－556.

罗斯丹，袁滢欣，2018. 我国高技术产业研发效率的研究——基于 DEA－Malmquist 方法 [J]. 经济视角（6）：26－37.

马晓东，何伦志，2018. 融入全球价值链能促进本国产业结构升级吗——基于"一带一路"沿线国家数据的实证研究 [J]. 国际贸易问题（7）：95－107.

马永红，张景明，王展昭，2014. 我国高技术产业创新质量空间差异性分析 [J]. 经济问题探索（9）：89－95.

毛海欧，刘海云，2018. 中国对外直接投资促进了产业升级吗？：基于出口劳动结构视角的研究 [J]. 世界经济研究（6）：94－108＋137.

毛其淋，许家云，2014. 中国企业对外直接投资是否促进了企业创新 [J]. 世界经济，37（8）：98－125.

2018 年度中国对外直接投资统计公报［R/OL］. （2019－10－28）［2020－03－09］. http://fec. mofcom. gov. cn/article/tjsj/tjgb/201910/20191002907954. shtml.

欧阳艳艳，刘丽，陈艳伊，2016. 中国对外直接投资的产业效应研究［J］. 产业经济评论（1）：9－19.

潘颖，刘辉煌，2010. 中国对外直接投资与产业结构升级关系的实证研究［J］. 统计与决策，（2）：102－104.

全国人民代表大会常务委员会办公厅. 中华人民共和国第九届全国人民代表大会第四次会议文件汇编［M］. 北京：人民出版社，2001.

任保平，2018. 新时代中国经济高质量发展的判断标准、决定因素与实现途径［J］. 中国邮政（10）：8－11.

茹玉骢，2004. 技术寻求型对外直接投资及其对母国经济的影响［J］. 经济评论（2）：109－112＋123.

苏杭，郑磊，牟逸飞，2017. 要素禀赋与中国制造业产业升级——基于 WIOD 和中国工业企业数据库的分析［J］. 管理世界（4）：70－79.

隋月红，2010. "二元"对外直接投资与贸易结构：机理与来自我国的证据［J］. 国际商务——对外经济贸易大学学报，（6）：66－73.

孙军，2008. 需求因素、技术创新与产业结构演变［J］. 南开经济研究（5）：58－71.

孙文杰，沈坤荣，2009. 人力资本积累与中国制造业技术创新效率的差异性［J］. 中国工业经济（3）：81－91.

孙晓华，王昀，2013. 对外贸易结构带动了产业结构升级吗？——基于半对数模型和结构效应的实证检验［J］. 世界经济研究（1）：15－21＋87.

汤婧，于立新，2012. 我国对外直接投资与产业结构调整的关联分析［J］. 国际贸易问题（11）：42－49.

唐红祥，张祥祯，吴艳，等，2019. 中国制造业发展质量与国际竞争力提升研究［J］. 中国软科学（2）：128－142.

田秋生，2018. 高质量发展的理论内涵和实践要求［J］. 山东大学学报（哲学社会科学版），（6）：1－8.

汪琦，2004. 对外直接投资对投资国的产业结构调整效应及其传导机制［J］. 国际贸易问题（5）：73－77.

汪思齐，王恕立，2017. 制造业双向 FDI 生产率效应的行业差异及人力资本门槛估计［J］. 经济评论，（2）：100－112.

王春新，2018. 中国经济转向高质量发展的内涵及目标［J］. 金融博览（5）：42-43.

王海龙，连晓宇，林德明，2016. 绿色技术创新效率对区域绿色增长绩效的影响实证分析［J］. 科学学与科学技术管理，37（6）：80-87.

王立国，赵婉妤，2015. 我国金融发展与产业结构升级研究［J］. 财经问题研究（1）：22-29.

王丽，张岩，2016. 对外直接投资与母国产业结构升级之间的关系研究——基于1990~2014年OECD国家的样本数据考察［J］. 世界经济研究（11）：60-69+136.

王文彬，王延荣，许冉，2020. 水资源约束下黄河流域产业结构变迁规律及其影响因素［J］. 工业技术经济，39（6）：138-145.

王希元，2020. 创新驱动产业结构升级的制度基础——基于门槛模型的实证研究［J］. 科技进步与对策，37（6）：102-110.

王新红，李拴拴，2020. 基于数据包络分析的创新型企业技术创新效率测度研究［J］. 科技管理研究，40（08）：59-64.

魏巧琴，杨大楷，2003. 对外直接投资与经济增长的关系研究［J］. 数量经济技术经济研究（1）：93-97.

温湖炜，2017. 中国企业对外直接投资能缓解产能过剩吗——基于中国工业企业数据库的实证研究［J］. 国际贸易问题（4）：107-117.

肖国东，2017. 我国制造业技术创新要素空间分布结构性矛盾及对策［J］. 经济纵横（3）：90-95.

谢伟，胡玮，夏绍模，2008. 中国高新技术产业研发效率及其影响因素分析［J］. 科学学与科学技术管理（3）：144-149.

徐德云，2008. 产业结构升级形态决定、测度的一个理论解释及验证［J］. 财政研究（1）：46-49.

许敏，谢玲玲，2012. 基于DEA的我国大中型工业企业技术创新效率评价研究［J］. 科学管理研究，30（3）：74-76.

许南，李建军，2012. 产品内分工、产业转移与中国产业结构升级［J］. 管理世界（1）：182-183.

薛军，苏二豆，2020. 服务型对外直接投资与企业自主创新［J］. 世界经济研究（4）：60-76+136.

严太华，刘焕鹏，2015. 自主研发与知识积累：基于金融发展视角的门限模型研究［J］. 中国管理科学，23（5）：73-81.

杨超，林建勇，2018. 对外直接投资、吸收能力与中国产业升级——基于中国省级面板数据的实证检验 [J]. 管理现代化，38 (5)：27—30.

杨德林，陈春宝，1997. 模仿创新自主创新与高技术企业成长 [J]. 中国软科学 (8)：107—112.

杨建清，周志林，2013. 我国对外直接投资对国内产业升级影响的实证分析 [J]. 经济地理，33 (4)：120—124.

杨连星，刘晓光，张杰，2016. 双边政治关系如何影响对外直接投资——基于二元边际和投资成败视角 [J]. 中国工业经济 (11)：56—72.

杨亚平，吴祝红，2016. 中国制造业企业 OFDI 带来"去制造业"吗——基于微观数据和投资动机的实证研究 [J]. 国际贸易问题 (8)：154—164.

姚枝仲，李众敏，2011. 中国对外直接投资的发展趋势与政策展望 [J]. 国际经济评论 (2)：127—140+6.

叶娇，赵云鹏，2016. 对外直接投资与逆向技术溢出——基于企业微观特征的分析 [J]. 国际贸易问题 (1)：134—144.

尹东东，张建清，2016. 我国对外直接投资逆向技术溢出效应研究——基于吸收能力视角的实证分析 [J]. 国际贸易问题 (1)：109—120.

余江，方新，2002. 第三代移动通信技术替代进程分析 [J]. 科研管理，23 (3)：14—19.

俞毅，万炼，2009. 我国进出口商品结构与对外直接投资的相关性研究——基于 VAR 模型的分析框架 [J]. 国际贸易问题 (6)：96—104.

袁东，李霖洁，余淼杰，2015. 外向型对外直接投资与母公司生产率——对母公司特征和子公司进入策略的考察 [J]. 南开经济研究 (3)：38—58.

张春萍，2012. 中国对外直接投资的贸易效应研究 [J]. 数量经济技术经济研究，29 (6)：74—85.

张凡，2019. 区域创新效率与经济增长实证研究 [J]. 中国软科学 (2)：155—162.

张国强，温军，汤向俊，2011. 中国人力资本、人力资本结构与产业结构升级 [J]. 中国人口·资源与环境，21 (10)：138—146.

张林，2016. 中国双向 FDI、金融发展与产业结构优化 [J]. 世界经济研究 (10)：111—124+137.

张同斌，高铁梅，2012. 财税政策激励、高新技术产业发展与产业结构调整 [J]. 经济研究，47 (5)：58—70.

张永恒，王家庭，2019. 高质量发展下中国产业转型升级方向研究——基于中美两国数据的对比［J］. 科技进步与对策，36（23）：53−62.

赵伟，古广东，何元庆，2006. 外向 FDI 与中国技术进步：机理分析与尝试性实证［J］. 管理世界（7）：53−60.

赵伟，江东，2010. ODI 与中国产业升级：机理分析与尝试性实证［J］. 浙江大学学报（人文社会科学版），40（3）：116−125.

朱卫平，陈林，2011. 产业升级的内涵与模式研究——以广东产业升级为例［J］. 经济学家（2）：60−66.

朱有为，徐康宁，2006. 中国高技术产业研发效率的实证研究［J］. 中国工业经济（11）：38−45.

ACEMOGLU D，GANCIA G，ZILIBOTTI F，2015. Offshoring and directed technical change［J］. American economic journal-Macroeconomics，7（3）：84−122.

ACEMOGLU D，GUERRIERI V，2008. Capital deepening and non-balanced economic growth［J］. Journal of political economy，116（3）：467−498.

ACEMOGLU D，RESTREPO P，2017. Secular stagnation？ the effect of aging on economic growth in the age of automation［J］. The American economic review. 107（5）：174−179.

ANG S H，BENISCHKE M H，DOH J P，2014. The interactions of institutions on foreign market entry mode［J］. Strategic management journal，36（10）：1536−1553.

ARORA A，GAMBARDELLAA，2010. Ideas for rent：an overview of markets for technology［J］. Industrial and corporate change，19（3）：775−803.

BARRIOS S，GÖRGH，STROBL E，2004. Foreign direct investment，competition and industrial development in the host country［J］. European economic review，49（7）：1761−1784.

BERGEMANN D，HEGE U，2005. The financing of innovation：learning and stopping［J］. Rand journal of economics，36（4）：719−752.

BIRKINSHAW J，BRANNEN M Y，TUNG R L，2011. From a distance and generalizable to up close and grounded：reclaiming a place for qualitative methods in international business research［J］. Journal of international business studies，42（5）：573−581.

BRACONIER H，EKHOLM K，KNARVIK K H M，2001. In search of FDI-transmitted R&D spillovers：a study based on Swedish data [J]. Weltwirtschaft liches Archiv，137（4）：644−665.

CASTELLANI D，MONTRESOR S，SCHUBERT T，et al.，2017. Multinationality，R&D and productivity：evidence from the top R&D investors worldwide [J]. International business review，26（3）：405−416.

CUERVO−CAZURRA A，2012. Extending theory by analyzing developing country multinational companies：solving the goldilocks debate [J]. Global strategy journal，2（3）：153−167.

DOWLING M，CHEANG C T，2000. Shifting comparative advantage in Asia：new tests of the "flying geese" model [J] Journal of Asian economics，11（4）：443−463.

DRIFFIELD N，LOVE J H，TAYLOR K，2009. Productivity and labour demand effects of inward and outward Foreign direct investment on UK industry [J]. Manchester school，77（2），171−203.

DUARTE M，RESTUCCIA D，2020. Relative prices and sectoral productivity [J]. Journal of the European economic association，18（3）：1400−1443.

DUNNING J H，2006. Comment on dragon multinationals：new players in 21st century globalization [J]. Asia pacific journal of management，23（2），139−141.

DUNNING J H，LUNDAN S M，2008. Institutions and the OLI paradigm of the multinational enterprise [J]. Asia pacific journal of management，25（4）：573−593.

ELIA S，MARIOTTI I，PISCITELLO L，2009. The impact of outward FDI on the home country's labour demand and skill composition [J]. International business review，18（4）：357−372.

FRITSCH M，2003. Does R&D-Cooperation behavior differ between regions? [J]. Industry and innovation，10（1）：25−39.

GREENWALD B，STIGLITZ J E，2006. Helping infant economies grow：foundations of trade policies for developing countries [J]. American economic review，96（2）：141−146.

GROSSMAN G M, HELPMAN E, SZEIDL A, 2006. Optimal integration strategies for the multinational firm [J]. Journal of international economics, 70 (1): 216−238.

HERZER D, 2012. Outward FDI, total factor productivity and domestic output: evidence from Germany [J]. International economic journal, 26 (1): 155−174.

HYUN H J, JOON J Y, 2015. Comparative advantage, outward foreign direct investment and average industry productivity: theory and evidence [J]. The Korean economic review, 31 (2): 327−357.

JOHANSON J, VAHLNE J-E, 2009. The Uppsala internationalization process model revisited: from liability of foreignness to liability of outsidership [J]. Journal of international business studies, 40 (9): 1411−1431.

LIU X H, BUCK T, 2007. Innovation performance and channels for international technology spillovers: evidence from Chinese high-tech industries [J]. Research policy, 36 (3): 355−366.

MATSUYAMA K, 2009. Structural change in an interdependent world: a global view of manufacturing decline [J]. Journal of the european economic association, 7 (2−3): 478−486.

MOL M J, 2005. Does being R&D intensive still discourage outsourcing? evidence from Dutch manufacturing [J]. Research policy, 34 (4): 571−582.

NASIEROWSKI W, ARCELUS F J, 2003. On the efficiency of national innovation systems [J]. Socio-economic planning sciences, 37 (3): 215−234.

NGAI R L, PISSARIDES C A, 2007. Structural change in a multisector model of growth [J]. The American economic review, 97 (1): 429−443.

POON S-C T, 2004. Beyond the global production networks: a case of further upgrading of Taiwan's information technology industry [J]. International Journal of Technology and Globalisation, 1 (1): 130−144.

SPOSI M, 2019. Evolving comparative advantage, sectoral linkages, and structural change [J]. Journal of monetary economics (103): 75−87.

UY T，YI K-M，ZHANG J，2013. Structural change in an open economy [J]. Journal of monetary economics，60（6）：667—682.

WANG X H，2018. Export structure effect of outward FDI of Sichuan province of China [J]. International journal of economics and finance，10（9）：181—187.